KB210518

하나님이
이렇게
말씀하셨을까?

하나님이 이렇게 말씀하셨을까?

최창섭 지음

미래사CROSS

◈ 구약성경

001 창세기 8

017 출이집트기 29

021 레위기 36

024 민수기 42

034 신명기 60

038 여호수아 64

039 사사기 68

043 사무엘상 74

051 사무엘하 86

열왕기에 들어가기에 앞서 98

060 열왕기상 104

066 열왕기하 116

079 역대상 136

097 역대하 164

106 에스라 176

107 욥기 181

108 시편 183

110 이사야 185

113 예레미야 190

115 에스겔 193

118 호세아 197

◈ 신약성경

120 마태복음 ⋯⋯⋯⋯⋯⋯⋯⋯⋯⋯⋯⋯⋯⋯⋯⋯⋯⋯⋯ 202

132 마가복음 ⋯⋯⋯⋯⋯⋯⋯⋯⋯⋯⋯⋯⋯⋯⋯⋯⋯⋯⋯ 216

137 누가복음 ⋯⋯⋯⋯⋯⋯⋯⋯⋯⋯⋯⋯⋯⋯⋯⋯⋯⋯⋯ 222

142 요한복음 ⋯⋯⋯⋯⋯⋯⋯⋯⋯⋯⋯⋯⋯⋯⋯⋯⋯⋯⋯ 228

145 사도행전 ⋯⋯⋯⋯⋯⋯⋯⋯⋯⋯⋯⋯⋯⋯⋯⋯⋯⋯⋯ 231

149 로마서 ⋯⋯⋯⋯⋯⋯⋯⋯⋯⋯⋯⋯⋯⋯⋯⋯⋯⋯⋯⋯ 237

150 고린도전서 ⋯⋯⋯⋯⋯⋯⋯⋯⋯⋯⋯⋯⋯⋯⋯⋯⋯⋯ 239

153 갈라디아서 ⋯⋯⋯⋯⋯⋯⋯⋯⋯⋯⋯⋯⋯⋯⋯⋯⋯⋯ 242

154 빌립보서 ⋯⋯⋯⋯⋯⋯⋯⋯⋯⋯⋯⋯⋯⋯⋯⋯⋯⋯⋯ 244

155 데살로니가후서 ⋯⋯⋯⋯⋯⋯⋯⋯⋯⋯⋯⋯⋯⋯⋯ 246

156 디도서 ⋯⋯⋯⋯⋯⋯⋯⋯⋯⋯⋯⋯⋯⋯⋯⋯⋯⋯⋯⋯ 247

157 히브리서 ⋯⋯⋯⋯⋯⋯⋯⋯⋯⋯⋯⋯⋯⋯⋯⋯⋯⋯⋯ 250

163 베드로전서 ⋯⋯⋯⋯⋯⋯⋯⋯⋯⋯⋯⋯⋯⋯⋯⋯⋯⋯ 258

166 요한일서 ⋯⋯⋯⋯⋯⋯⋯⋯⋯⋯⋯⋯⋯⋯⋯⋯⋯⋯⋯ 262

168 요한이서 ⋯⋯⋯⋯⋯⋯⋯⋯⋯⋯⋯⋯⋯⋯⋯⋯⋯⋯⋯ 265

169 유다서 ⋯⋯⋯⋯⋯⋯⋯⋯⋯⋯⋯⋯⋯⋯⋯⋯⋯⋯⋯⋯ 266

170 요한계시록 ⋯⋯⋯⋯⋯⋯⋯⋯⋯⋯⋯⋯⋯⋯⋯⋯⋯⋯ 267

발간의 변 ⋯⋯⋯⋯⋯⋯⋯⋯⋯⋯⋯⋯⋯⋯⋯⋯⋯⋯⋯⋯⋯ 270

참고문헌 ⋯⋯⋯⋯⋯⋯⋯⋯⋯⋯⋯⋯⋯⋯⋯⋯⋯⋯⋯⋯⋯ 274

왕 즉위 도표

구약성경

개역개정성경 창세기 2장 2절

하나님이 그가 하시던 일을 일곱째 날에 마치시
니 그가 하시던 모든 일을 그치고 일곱째 날에 안
식하시니라

- 주격 조사와 동사 존칭의 표현이 호응을 이루지 못한다. "하나님이 … 마치시니"는 "하나님께서 … 마치시니"로 써야 한다.
- "일곱째 날에 마치고 일곱째 날에 안식했다."는 표현은 "일곱째 날에 일을 마치고 일곱째 날에 쉬었다."는 표현과 같아 모순이다. 굳이 '일곱'이라는 단어를 쓰려고 하면 "일곱째 날이 시작되기 전에 마치시고 일곱째 날이 되자 안식하시니라."고 써야 한다.
- 킹제임스, 우리말비전, 히브리어직역성경도 "일곱째 날에 하시던 일을 마치시고 일곱째 날에 쉬셨다."로 번역했다.
- '마치시니', '그치고'는 중복 표현이다.

정리 70인역을 취해 다음과 같이 교정한다.

하나님께서 그가 하시던 일을 엿샛날에 마치시고 이렛날에는 안식하시니라.

개역개정성경 3장 16절

··· 내가 네게 임신하는 고통을 크게 더하리니···

- 개역개정성경, 히브리어직역성경, 킹제임스성경, 표준
  새번역성경, GNB는 임신(妊娠)으로 번역했다.

- 공동번역성서, YLT, NIV는 출산(出産)으로 번역했다.

- 회복역(Recovery Version)은 임산(妊産 = 妊娠 + 出産)으로 번
  역했다.

- 임신과 출산보다는 임산이 더 적합한 번역으로 사료된다.

정리 ··· 내가 네게 임산하는 고통을 크게 더하리니···

개역개정성경 창세기 7장 2절

너는 모든 정결한 짐승은 암수 일곱씩, 부정한 것
은 암수 둘씩을 네게로 데려오며

어떤 짐승이 부정한 짐승이고 어떤 짐승이 정한 짐승인
지 노아가 어떻게 알 수 있었을까? 두 종류 짐승의 구분
은 레위기 11장에 기록되어 있다. 창세기와 레위기가 같
은 연대에 기록되었다고 하더라도 먼저 노아에게 어떤 것
이 정한 짐승이고 어떤 것이 부정한 짐승인지를 말해주었
어야 한다.

정리 답은 없다. 가장 긍정적이고 합리적인 추측은
모세 오경을 쓴 모세는 이미 다 알고 있었으나
정하고 부정한 짐승을 다 쓰려면 그 내용이 많
아[레위기 11장] 여기에서는 '정결한 짐승'과
'부정한 짐승'이라는 말만 한 것으로 본다.

개역개정성경 / 킹제임스성경 창세기 10장 15절

가나안은 장자 시돈과 헷을 낳고…

- '과'라는 조사는 "말과 양은 가축이다"처럼 둘 이상의 사물을 같은 자격으로 이어주는 접속조사다. 따라서 맏아들 시돈과 헷을 낳았다고 하면 시돈도 맏아들, 헷도 맏아들이 되어서 맏아들을 둘 낳았다는 말이다.

- 개역개정성경과 NIV성경을 대조한 한영대조성경을 보면 우리말 "가나안은 장자 시돈과 헷을 낳고"를 영어로는 "Cannan was the father of Sidon his first son, and of the Hittites,…"로 썼다. 대조했다면 이런 번역이 나올 수 없다.

- 모든 영어성경은 옳게 번역했다.

정리 표준새번역성경의 "가나안은 맏아들 시돈을 낳고 그 아래로 헷과…"가 바른 표현이다.

개역개정성경 창세기 21장 7절

… 사라가 자식들을 젖 먹이겠다고…

• 창세기 18장 10절에서 여호와는 "… 네 아내 사라에게
  아들이 있으리라…"고 단수로 말했다.

정리 영어성경을 포함해 대부분의 성경이 '자식들'이
라고 복수로 표현했으나 공동번역의 "… 사라가
아기에게 젖을 물리리라고…"와 NLT의 "Who
would have to Abraham that Sarah would
nurse a baby?"처럼 단수로 표현하는 것이 옳다.
성경에는 사라가 낳은 자식이 이삭밖에 없다.

개역한글성경/개역개정성경 창세기 21장 15~17절

15 가죽부대의 물이 떨어진지라. 그 자식을 관목 덤불 아래에 두고 16 이르되 아이가 죽는 것을 차마 보지 못하겠다 하고 화살 한 바탕 거리 떨어져 마주 앉아 바라보며 소리 내어 우니 17 하나님이 그 어린아이의 소리를 들으셨으므로 하나님의 사자가 불러 이르시되 하갈아 무슨 일이냐 두려워하지 말라 하나님이 저기 있는 아이의 소리를 들으셨나니

- 위 문장을 보면 운 사람은 어린아이가 아니라 하갈이다. 그런데 하나님의 사자는 하나님이 하갈의 우는 소리를 들었다고 말하지 않고 아이의 소리를 들었다고 말했다.
- 한글성경은 히브리어직역성경만 17절을 '그 어린 아이의 소리'로 썼고, 다른 성경은 모두 '그 아이의 울음소리' 또는 '아이가 우는 소리'로 썼다.
- 영어성경은 킹제임스와 YLT가 각각 "the voice of the

하나님이 이렇게 말씀하셨을까?

lad", "the voice of the youth"로 썼고, 다른 성경은 모두
"the boy crying"으로 썼다.

정리 부대의 물이 떨어지자 하갈이 덤불 아래에 아이
를 내려놓고 "자식이 죽는 것을 차마 내가 눈을
뜨고 볼 수 없구나." 하고 탄식하며 화살이 날아
갈 만한 거리만큼 떨어져서 울고 있는 아이를 속
절없이 바라보고 있었다. 하나님께서 그 아이의
우는 소리를 들으시고 천사를 통해 말씀하셨다.
"하갈아! 두려워하지 마라. 하나님께서 네 자식
이 우는 소리를 들으셨다."

킹제임스성경 창세기 22장 8절

아브라함이 말하기를 "내 아들아, 하나님께서 자신을 번제에 쓸 어린 양으로 마련하실 것이라." 하고 두 사람이 함께 가더라.

- 위 글은 하나님이 하나님을 번제물로 마련한다는 내용이다.
- 킹제임스영어성경 : "My son, God will provide himself a lamb for burnt offering."을 오역했다.
- 자신을 → 자신이

  양으로 → 양을

> **정리** 하나님 당신께서 한 양을 번제물로 마련하실 것이다.

우리말비전성경 창세기 27장 27절

… 여호와께서 축복하신 들의 향기로구나

여호와를 복 주시는 분이 아니라 복을 빌어주시는(축복하시는) 분으로 표현하고 있다. 하나님의 정체성을 부정하는 망령된 일이다.

정리 "… 여호와께서 복 주신 들의 향기로구나."라고 해야 한다.

킹제임스성경 창세기 27장 39절

이삭이 에서에게 말하기를 "보라, 네 처소는 땅의 기름진 곳과 위로부터 하늘의 이슬이 내리는 기름진 곳이 되리라."

And Isaac his father answered and said unto him[에서], Behold, thy dwelling shall be fatness of the earth, and of the dew of heaven from above.

- 이삭이 에서에게 한 축복은 야곱에게 한 축복[28절]과 반대되는 내용이어야 하는데 야곱에게 한 축복과 내용이 같다.
- 히브리어직역성경도 킹제임스성경과 같은 내용으로 번역했다. "보라, 네 사는 곳이 그 땅의 기름진 곳과 위로부터 그 하늘의 이슬을 받는 곳 중에 있을 것이다."
- YLT성경은 히브리어직역성경이나 킹제임스성경과

같은 내용으로 번역했고 NIV, YLT, GNB성경은 모두 이런 내용으로 번역했다. "No dew from heaven for you, No fertile fields for you."

- 개역한글성경, 개역개정성경, 공동번역성서 등은 NIV, YLT, GNB성경과 같다.

- NLT 성경의 표현이 옳다. "Finally, his father Isaac said to him, "You will live away from the richness of the earth, and away from the dew of the heaven above."

정리 히브리어 사본의 오류로 볼 수밖에 없다. YLT성경을 참고해 이렇게 다듬는다.

"이삭이 에서에게 말했다. '네가 살 곳은 땅이 기름지지 않고 하늘에서 이슬이 내리지 않는 곳이다.'"

개역개정성경 창세기 27장 41~42절

… 에서가 야곱을 미워하여 심중에 이르기를 아버지를 곡할 때가 가까웠은즉 내가 내 아우 야곱을 죽이리라 하였더니 42 맏아들 에서의 이 말이 리브가에게 들리매 이에 사람을 보내어…

- 심중에(마음속으로) 한 말을 리브가가 들었다? 대부분의 성경이 에서가 마음속으로 한 말을 리브가가 들은 것으로 쓰고 있는데 이는 모순이다.

- 현대어성경은 "에서가 '저 녀석을 죽여버리고 말겠다.'고 중얼거리는 것을 리브가가 들었다."고 기록하고 있어 어느 정도 일리가 있다.

정리 히브리어 사본이 어떻든 우리의 언어 정서에 맞게 정리해보면 이런 뜻이다.

"… 에서가 야곱을 미워해 속으로 이런 생각을 했다. '아버지가 돌아가실 때가 되었으니 아버지 장례를 치르고 나면 저 녀석을 죽여야지.' 42 리브가가 이런 큰아들 에서의 속마음을 읽고 사람을 보내…"

하나님이 이렇게 말씀하셨을까?

킹제임스성경 창세기 29장 5절

야곱이 그들에게 말하기를 "나홀의 아들 라반을 아느냐?"

And he said unto them,

Know ye Laban the son of Nahor?

- 공동번역성서, 회복역성경, 현대어성경, 조선어성경은 '아들'로 번역했다.
- 표준새번역성경, 개역한글성경, 개역개정성경, 우리말비전성경은 '손자'로 번역했다.
- 창세기 28장 5절을 보면 라반의 아버지는 브두엘이고, 창세기 22장 20~22절을 보면 브두엘의 아버지는 나홀이다. 따라서 라반은 나홀의 아들이 아니라 손자다.
- 아들이나 손자로 번역한 히브리어 '벤'은 '집안의 모든 아들'을 뜻하는 단어이므로 아들로도 손자로도 번역할 수 있다. 따라서 족보를 자세히 따져보고 단어를 선택해야 하는데 '아들'로 번역한 성경은 그렇게 하지 않아 오류를 범했다.

하나님이 이렇게 말씀하셨을까?

킹제임스성경 창세기 29장 14절

라반이 그에게 "참으로 너는 나의 뼈요 나의 살이
라." 말하고 그가 한 달간을 라반과 함께 거하였
더라.

국어 시험에 "위 문장에서 후반의 인칭대명사 '그가'는
누구를 말하는가?"라는 문제가 출제되었다면 정답을
무엇이라고 답할까? 라반이다. 따라서 이대로라면 라
반이 라반과 함께 거한 것으로 이해할 수밖에 없다.

정리 공동번역성서를 쉬운 말로 정리하면 다음과 같다.
라반이 "너야말로 내 골육임에 틀림없다."고 말
했다. 그래서 야곱이 한 달 동안 외삼촌 라반과
함께 지냈다.

개역개정성경 / 킹제임스성경 / 회복역성경 창세기 31장 46절

(야곱이) 또 그(의)형제들에게 돌을 모으라고 하니…

이 내용은 야곱이 아내들(라헬, 레아, 빌하, 실바)과 자식들을 데리고 삼촌 몰래 밧단아람을 떠났다가 삼촌의 추격을 받게 되고, 삼촌과 만나 문제를 원만히 해결하고 헤어지면서 서로 해치지 않을 것을 약속하며 그 증거로 돌무더기를 쌓을 때 한 말이다.

야곱이 삼촌의 집을 떠날 때 함께 떠난 사람은 아내와 자녀들[31장 17절], 얼마의 사자(심부름꾼, 머슴)[32장 3절]였다. 사자, 심부름꾼, 머슴으로 번역한 히브리어 '말라크'의 사전적 의미는 사자이지만, 그들의 신분은 야곱과 동행했던 종이나 머슴이었을 것이다.

• 본문에서 형제로 번역한 히브리어 '아흐'의 사전적 의미

는 '형제 또는 친척'이다. 그래서 대부분의 성경이 '친족들', '형제들'로 번역했으나 현대어성경만이 '종들에게'로 번역했다.

- 표준새번역성경 : 야곱이 또 친족들에게도 돌을 모으게 하니
- 공동번역성서, 조선어성경 : 야곱이 자기 집안사람들에게 돌을 모으게 하니
- 현대어성경 : 야곱이 종들에게 돌을 모으게 하니
- 우리 언어문화에서 형제는 형과 아우를 일컫는 말이다. 따라서 아내들, 자식들과 함께 떠난 야곱에게는 적합하지 않은 표현이다. 야곱과 함께 떠난 형제는 없기 때문이다.
- NLT : Then he told his family members,
- GNB : He told his men,(팀원들)

정리 당시의 상황을 전제로 우리 언어정서에 적합하게 수정하면 다음과 같다.

"야곱이 그와 함께 떠난 일행에게 돌을 모으라고 하니…"

개역개정성경 창세기 32장 5절

내게 소와 나귀와 양 떼와 노비가 있으므로…

창세기 32장 7절

… 소와 양과 낙타를 두 떼로 나누고

야곱이 소유하고 있던 가축은 소와 나귀와 양 떼였는데, 형 에서가 두려워 그 가축을 두 떼로 나눌 때는 소와 양과 낙타가 되었다. 즉, 나귀가 낙타로 바뀌었다. 설령 히브리어 사본이 그렇게 되어 있다고 해도 나귀와 낙타 가운데 하나로 통일하는 것이 바람직하다.

> **정리** 32장 7절 : … 소와 나귀(또는 낙타)와 양 떼를 두 떼로 나누고…

개역개정성경 /
킹제임스성경 창세기 36장 3절

또 (에서가) 이스마엘의 딸 느바욧의 누이 바스맛을 (아내로) 맞이하였더니

이 표현을 해석하면 느바욧이 이스마엘의 딸이고 여자인 느바욧의 누이가 바스맛, 즉 여자의 누이가 여자가 된다.

정리 다른 모든 한영 성경처럼 이렇게 써야 한다.

(에서가) 이스마엘의 딸이며 느바욧의 누이인 바스맛을 (아내로) 맞았다.

개역개정성경 창세기 46장 26~27절

26 야곱과 함께 애굽에 들어간 자는 야곱의 며느리들 외에 66명이니… 27 애굽에서 요셉이 낳은 아들은 두 명이니 야곱의 집 사람으로 애굽에 이른 자가 모두 70명이었더라

- 이 내용만 놓고 보면 66+2=68명이 되어야 하는데, 아무런 설명도 없이 70명으로 기록하고 있다.
- 66명 : 야곱, 요셉, 므낫세, 에브라임이 포함되지 않은 수
- 70명 : 제외된 위 4명이 포함된 수
- 75명[행 7:14] : 창세기 50장 23절과 민수기 26:28~36을 참작해보아도 어떻게 계산된 수인지 알 수 없다.

정리 독자들의 혼란을 예방하기 위해 위와 같은 부연 설명이 필요하다.

하나님이 이렇게 말씀하셨을까?

개역개정성경 출이집트기 12장 3절

… 이 달 열흘에 너희 각자가 어린 양을 잡을지니
각 가족대로 그 식구를 위하여 어린 양을 취하되

출이집트기 12장 6절

이 달 열나흗날까지 간직하였다가 해 질 때에 이
스라엘 회중이 그 양을 잡고

- 이 문장을 읽어보면 어린 양을 열흘에도 잡고 열나흗
  날에도 잡는 것으로 되어 있어서 결정적인 오류를 범
  했다. 3절 중간에 쓸데없이 "어린 양을 잡을지니"라
  는 말을 넣었다.
- 개역한글성경은 3절에서 이 달 열흘에 어린 양을 취
  하고 6절에서 그 양을 잡는 것으로 기록했다. 그런데
  개역개정성경이 개정(改正)한 것이 아니라 쓸데없이
  "어린 양을 잡을지니"를 넣어 개악(改惡)했다.
- 한글성경 열 권과 영어성경 다섯 권 가운데 우리말비

전성경과 개역개정성경만 3절에 '잡아라'로 썼고 다른 성경은 모두 '마련해라', '취해라', '준비해라'로 썼다.

- 미스터리는 아가페출판사에서 2004년 3월 20일 2판 13쇄로 발행한 개역개정 NIV 대조성경에서는 '취할지니'로 썼는데, 두란노출판사에서 2007년 11월 12일 초판 발행한 개역개정성경에 쓸데없이 '잡을지니'를 첨가했다는 점이다. 난센스도 이만저만한 난센스가 아니다.

- 우리가 아는 대로 유월절 양은 아빕월 십 일에 마련해 두었다가 십사 일 해 질 무렵에 잡는 것이다.

정리 이 달 십 일에 사람마다 한 집에 한 마리씩 어린 양을 마련해놓아라.

하나님이 이렇게 말씀하셨을까?

개역개정성경 출이집트기 12장 29절

밤중에 여호와께서 애굽 땅에서 모든 처음 난 것 곧
왕위에 앉은 바로의 장자로부터…

- 왕위(王位)에 앉으면 그가 곧 왕이다. 따라서 "왕위에 앉
  은 바로의 장자"라는 말은 어폐가 있다.
- 한글성경이 모두 "위(位)에 앉은 바로의 장자로부터, 임
  금 자리에 앉은 바로의 맏아들, 보좌에 앉은 바로의 맏
  아들, 왕위에 앉아 있는 바로의 맏아들, 보좌에 앉은
  파라오의 첫 태생" 등으로 오역했다.
- 성경 사가(史家)들에 따르면 이집트에 재앙이 내리던 당시
  의 바로는 아멘호텝 2세였는데, 장자 재앙으로 인해 그
  의 아들이 왕위를 잇지 못하고 투트모세 4세가 왕위를
  계승했다.

정리 한밤중에 여호와께서 애굽 땅에서 처음 태어난 모든 것들을 다 치셨다. 곧 왕위에 오를 바로의 장자에서부터 짐승의 맏배까지 모두 치셨다.

우리말비전성경 출이집트기 14장 7절

바로는 가장 좋은 전차 600대와 이집트의 모든 전차들을 데리고 갔는데 그 위에는 지휘관들이 타고 있었습니다.

- '데리고 가다'는 사람이 자기 아랫사람이나 동물을 대 동할 때 쓰는 동사다.
- 모든 전차에는 가장 좋은 전차 600대도 포함된다. 따 라서 열거할 때 쓰는 연결 접속조사 '와'를 쓰는 것은 바람직하지 않다.

정리 바로는 가장 좋은 전차 600대를 포함해 이집트의 모든 전차들을 총동원해 추격에 나섰다.

개역개정성경 출이집트기 22장 16절

사람이 약혼하지 아니한 처녀를 꾀어 동침하였으면 납폐금을 주고 아내로 삼을 것이요

- 이를 문자 그대로 해석하면 약혼한 처녀와는 동침해도 된다는 뜻이 된다. 그러나 예수의 탄생 기사인 마태복음 1장 18절을 보면 "마리아가 요셉과 약혼하고 동거하기 전에 성령으로 잉태된 것이 나타났더니"로 되어 있어서 잉태는 결혼 후 동침하고 해야 하는 것으로 표기하고 있다.

- 또 이 구절을 문자 그대로 해석하면 다른 남자와 약혼한 처녀를 꾀어 동침하면 납폐금을 지불하지 않고도 아내로 삼을 수 있다는 해석도 가능하다. 신명기 22장 23~24절에 보면 이런 경우에는 둘 다 돌로 쳐 죽이게 되어 있다.

- 히브리어 사본 직역이 아니라 원뜻을 우리 언어 정서에 맞게 번역해야 한다.

> **정리** 만일 어떤 사람이 자기와 약혼도 하지 않은 처녀를 꾀어 잠자리를 같이 했으면 납폐금을 지불하고 아내로 삼아야 한다.

개역개정성경 레위기 18장 9절

너는 네 자매 곧 아버지의 딸이나 네 어머니의 딸
이나 집에서나 다른 곳에서 출생하였음을 막론하
고 그들의 하체를 범하지 말지니라

- 자매(姉妹)라는 뜻을 손윗누이와 손아랫누이를 뜻하는 말로 풀이한 국어사전도 있다. 그러나 우리말 관용이 남자의 손윗누이나 손아랫누이를 자매라고 부르지 않는다.

- 표준국어대사전에는 위의 뜻은 없고 "여자끼리의 동기(同氣), 언니와 아우 사이를 이르는 말"로만 나와 있다.

- 개역한글성경과 개역개정성경 이외의 다른 모든 성경은 "너는 네 누이 곧 아버지의 딸이나 어머니의 딸의 하체를 범하지 말라."고 표기하고 있다.

- 위 개역한글성경과 개역개정성경은 1937년에 발행된 구약전서를 검토 없이 그대로 따르고 있다.

정리 너는 네 누이 곧 아버지가 낳은 딸이든지 어머니가 낳은 딸이든지 또 집에서 태어났든지 밖에서 낳아 데리고 왔든지 간에 네 누이의 하체를 범해서는 안 된다.

개역개정성경 레위기 25장 39~40절

39 너와 함께 있는 네 형제가 가난하게 되어 네게 몸이 팔리거든 너는 그를 종으로 부리지 말고 40 품꾼이나 동거인과 같이 함께 있게 하여 희년까지 너를 섬기게 하라

- '같이'와 '함께'는 중복 표현이다.

- 희년은 안식년이 일곱 번 지난 그 이듬해, 즉 50년째 되는 해다. 이 희년은 '여호와의 해'로 성별되어 종도 자유로운 몸이 되게 하고 빚도 탕감해주어야 하며 샀던 땅도 돌려주어야 하는 해다.[레위기 25장 10~15절] 그런데 "희년까지 너를 섬기게 하라"는 말은 희년이 지날 때까지 너를 섬기게 하라는 말과 다르지 않아 원뜻을 제대로 살리지 못한다.

- 성경들이 "희년이 될 때까지", "희년이 되면", "희년이 올 때까지", "희년까지" 등으로 썼는데 "희년이 될 때까지"가 원뜻을 가장 제대로 살리는 표현이다.

하나님이 이렇게 말씀하셨을까?

개역개정성경 레위기 27장 16~18절

16 만일 어떤 사람이 자기 기업된 밭 얼마를 성별하여 여호와께 드리려 하면 마지기 수대로 네가 값을 정하되 보리 한 호멜지기에는 은 오십 세겔로 계산할지며 17 만일 그가 그 밭을 희년부터 성별하여 드렸으면 그 값을 네가 정한 대로 할 것이요 18 만일 그 밭을 희년 후에 성별하여 드렸으면 제사장이 다음 희년까지 남은 연수를 따라 그 값을 계산하고 정한 값에서 그 값에 상당하게 감할 것이며

- 이 내용은 밭을 서원제물로 바칠 때 적용하는 규례다. 밭은 돈으로 환산해서 드렸는데, 제사장이 그 밭 값을 산정하는 방법을 말하고 있다. 희년을 기준으로 돌아오는 희년까지의 기간이 오래 남았으면 오래 남은 기간에 비례해 높은 값, 희년까지의 기간이 짧게 남았으면 짧게 남은 기간에 비례해 낮은 값을 매긴다는 것이 요지다.
- 그런데 개역개정성경은 이 내용을 이해하기 어렵고 복

잡하게 썼다. 17절의 "희년부터 성별하여 드렸으면"도 이해할 수 없다. 희년은 원래 주인에게 돌려주는 해이고, 이전부터 자기 소유라고 해도 희년은 땅도 안식하는 해인데 희년부터 밭을 바친다고 하는 것은 납득하기 어렵다.

- 1호멜=22리터, 50세겔=570g
- 16절부터 24절까지는 매 절마다 접속조사로 연결되어 한 문장의 단어 수가 무려 134개나 된다. 말씀이 아니라 난해한 글이다.

정리 현대어성경을 참고로 다음과 같이 이해하기 쉽게 정리한다.

16 만일 어떤 사람이 자기 밭의 일부를 여호와께 바치려고 하면 제사장이 그 밭에 뿌릴 수 있는 씨의 분량에 따라 값을 매겨라. 17 보리 1호멜을 뿌릴 수 있는 밭이라면 그 값은 은 50세겔이다. 18 따라서 희년까지의 기간이 49년 꽉 차게 남았으면 그 밭에 뿌릴 수 있는 씨 전체 분량의 값을 바쳐야 하지만 희년이 많이 지나 그 밭을 바칠 경우에는 돌아오는 희년까지의 햇수에 비례해 값을 감해주어야 한다.

개역개정성경 민수기 5장 12~15절

12 … 만일 어떤 사람의 아내가 탈선하여 남편에게 신의를 저버렸고 13 한 남자가 그 여자와 동침하였으나 그의 남편의 눈에 숨겨 드러나지 아니하였고 그 여자의 더러워진 일에 증인도 없고 그가 잡히지도 아니하였어도 14 그 남편이 의심이 생겨 그 아내를 의심하였는데 그의 아내가 더럽혀졌거나 또는 그 남편이 의심이 생겨 그 아내를 의심하였으나 그 아내가 더럽혀지지 아니하였든지 15 그의 아내를 데리고 제사장에게로 가서 그를 위하여 보리 가루 십분의 일 에바를 헌물로 드리되 그것에 기름도 붓지 말고 유향도 두지 말라… (71단어)

- 원본을 쓴 영에 감동한 사람에게 이렇게 숨넘어가게 말씀하셨을 리 만무하다.

- 이 글 가운데 특히 14절을 읽고 단번에 무슨 말인지 이해할 수 있는 사람이 과연 몇 사람이나 있을까? 아마 한 사람도 없으리라고 생각한다. 거의 난수표 수준이다.

하나님이 이렇게 말씀하셨을까?

- 14절 마지막의 '~든지'의 사전적 의미는 무엇이나 가리지 않는 뜻을 나타낼 때 용언의 어간에 붙이는 연결어미다. 따라서 14절이 제대로 된 문장이 되려면 "그 남편이 의심이 생겨 그 아내를 의심하였는데 그의 아내가 더럽혀졌든지 또는 그 남편이 의심이 생겨 그 아내를 의심하였으나 그 아내가 더럽혀지지 않았든지"로 고쳐야 한다.
- 그동안 수차례 성경책을 출간했는데도 이런 문장 하나 제대로 고치지 않았다는 것은 내용을 읽어보고 개정(改正)하기보다는 발간(發刊)에만 연연했다는 증거다.

정리 13 한 아내가 탈선해 남편 몰래 다른 남자와 동침했으나 그 일이 남편이나 다른 사람의 눈에 띄지 않아 현장에서 잡히지 않았다고 하자. 14 그런데 남편이 아내에 대해 질투심이 생겨 아내를 의심하거나 또는 아내가 실제로 부정한 짓을 하지 않았는데도 의처증으로 인해 아내를 의심할 때는 15 아내를 데리고…

개역개정성경 민수기 5장 23절

제사장이 저주의 말을 두루마리에 써서 그 글자를 그 쓴 물에 빨아 넣고

- 히브리어직역성경 : 그 제사장은 이 저주들을 그 책에 써서 그 쓴 물에 넣어 씻고
- 킹제임스성경 : 그 제사장은 이 저주의 말을 책에다 써서 그 쓴 물로 그것을 씻겨내어
- 표준새번역성경 : 그러면 제사장은 위에서 한 저주의 말을 글로 써서 그 쓴 물에 담가 씻는다.
- 공동번역성서 : 사제는 그 저주를 글로 써서 그 저주를 내리는 물에 씻어라.
- 현대어성경 : 제사장은 그 저주의 내용을 두루마리에 써서 그 쓰디쓴 물에 씻어라.
- 회복역성경 : 제사장은 이 저주의 말들을 책에 써서 그것들을 쓴 물에 담가 씻어내야 한다.

여러 성경의 말을 풀어보면 두루마리에 글을 썼다는 말과 '빨다', '씻다'라는 말이 나오는 것으로 미루어 저주의 글을 쓴 재료는 양피지였을 것이다. 고대 히브리인들은 동물가죽(주로 양피지)이나 파피루스, 토판 등에 글을 써 문서를 보관했다.

그리고 '빨다', '씻다'라는 말은 두루마리에 쓴 저주의 말을 물에 옮긴다는 의미다. 다른 어느 성경에도 "빨아 넣는다"는 표현은 없다.

정리 제사장이 그 저주의 말을 두루마리에 쓴 다음 그 저주의 말을 쓴 물에 씻어라.

개역개정성경 민수기 10장 5절

너희가 그것을 크게 불 때에는 동쪽 진영들이 행
진할 것이며

민수기 10장 5절 이하에는 진을 이동시킬 때 부는 나팔 부는
방법이 나와 있다. 그런데 성경마다 부는 방법이 다르다.

- 킹제임스성경 : 경고 나팔을 불면(When you blow an
  alarm)
- 공동번역성서 : 비상 나팔을 불면
- 개역개정성경 : 나팔 하나를 크게 불면
- 표준새번역성경 : 나팔을 급히 불면
- 회복역성경 : 경보가 울리면

진을 이동하라는 신호로 부는 나팔을 경고 나팔 또는 비
상 나팔이라고 하는 것이나 짧게 분다고 하는 것은 적합

하지 않다. 1937년에 발행한 구약전서의 내용 '대취(大吹)하면'이 가장 바람직한 표현이다.

정리 나팔을 크게 불면 동쪽에 진을 쳤던 진영들(유다, 잇사갈, 스불론 진)이 가장 먼저 출발해라.

개역개정성경 민수기 13장 16절

이는 모세가 땅을 정탐하러 보낸 자들의 이름이라
모세가 눈의 아들 호세아를 여호수아라 불렀더라

이 문장을 보면 '여호수아'를 전에는 '호세아'라고 불렀다
는 것을 알 수 있다.

- 정탐꾼을 보낸 것은 출이집트 후 2년이 다 되어올 때였
  고 성경에서 여호수아라는 이름이 처음 등장한 것은 출
  이집트 후 3개월째가 되어오는 어느 날 아말렉과 전투
  할 때였다.[출이집트기 17장 9절]
- 즉, 여호수아라는 이름이 처음 등장한 것은 출이집트
  후 2년이 다 되어올 때가 아니라 출이집트 3개월이 되
  어갈 때였다.

하나님이 이렇게 말씀하셨을까?

정리 물론 아주 지엽적인 오류이기는 하지만 하나님의 말씀에 이런 오류가 있어서는 안 된다는 생각으로 다음과 같이 바르게 정리한다. 원본의 오류가 아니라 필경 사본 필사자의 오류일 것이다.

민수기 13장 16절 : 모세가 가나안 땅에 정탐꾼을 보내면서 눈의 아들 여호수아를 불렀다.
출이집트기 17장 9절 : 모세가 여호수아에게 명령했다. → 모세가 호세아라고 부르는 여호수아에게 명령했다.

모든 성경 민수기 13장 22절

또 네겝으로 올라가서 헤브론에 이르렀으니…

- '올라가서'로 번역한 히브리어 '알라'에는 여러 뜻 가운데 '가다', '출발하다'라는 뜻도 있다.
- 북쪽 르홉에서 남쪽에 있는 네겝으로 오는 것은 우리의 언어 정서와 언어 관습상 올라가는 것이 아니라 내려오는 것이다.

정리 또 네겝으로 내려오다가 헤브론에 이르렀으니…

하나님이 이렇게 말씀하셨을까?

개역개정성경 민수기 30장 14절

그의 남편이 여러 날이 지나도록 말이 없으면 아내의 서원과 스스로 결심한 일을 지키게 하는 것이니 이는 그가 그것을 들을 때에 그의 아내에게 아무 말도 아니하였으므로 지키게 됨이니라

이는 함께 사는 아내가 하나님께 서원한 것을 남편에게 말했는데도 남편이 듣고 가부간에 결정을 내리지 않고 침묵하면 아내의 서원에 묵시적으로 동조하는 것으로 간주한다는 내용이다.

- 히브리어직역성경과 표준새번역성경 : 남편이 하루가 지나도록 말이 없으면
- 공동번역성서와 조선어성경 : 남편이 그날부터 다음 날까지 말이 없으면
- 킹제임스성경 : 남편이 날이 지나도 말이 없으면
- 현대어성경 : 남편이 아무 말이 없으면

- 37년 발행 성경 : 남편(男便)이 일(日)마다 묵묵(默默)하여

- NLT : If he does not object on the day he hears of it

- NIV : If he says to her about it from day to day

- GNB : But if, by the day after he hears of

> **정리** 히브리어직역성경과 GNB성경의 번역을 취해 다
> 음과 같이 정리한다.
>
> 아내가 하나님께 서원한 것을 남편에게 말했는데
> 하루가 지나도록 가부간에 말이 없으면

하나님이 이렇게 말씀하셨을까?

개역개정성경 민수기 31장 50절

우리 각 사람이 받은 바 금 패물 곧 발목 고리, 손
목 고리, 인장 반지, 귀고리, 목걸이들을 여호와
께 헌금으로 우리의 생명을 위하여 여호와 앞에
속죄하려고 가져왔나이다

- 이 내용에서 '헌금'이라는 단어를 개역한글성경은 '예
  물'이라고 썼는데, 최근 개역성경에서 헌금으로 바꾸어
  개악(改惡)했다.

- 물론 금(金)을 한자어 뜻 그대로 금(gold)을 나타내는 말
  로 사용하면 '헌금'은 금을 바치는 것이니 틀리지 않는
  다고 합리화할지 모르지만, 우리가 일반적으로 인식하
  고 있는 헌금은 돈이다. 만약 이런 논리로 합리화한다
  면 기독교에서 사용하는 헌금이라는 단어는 모두 금을
  바치는 것이 되어야 한다.

- 돈을 연상하고 헌금으로 바꾼 것이 아니라면 히브리어
  직역성경이나 회복역성경처럼 차라리 "각자가 얻은 금

패물들을 여호와께 제물로 가져왔다."로 쓰는 것이 훨씬 더 바람직하다.

• 표준새번역성경, 킹제임스성경, 조선어성경은 '예물'로 썼고 현대어성경은 아예 '예물', '제물'이라는 단어를 쓰지 않았다.

• 또 우리말에서는 관용적으로 헌금이라는 단어를 바치는 돈이 어디에 쓰이는지, 즉 무슨 목적으로 쓰이는지 목적이 되는 단어와 합성어로 쓴다.

정치헌금 : 정치 발전을 위해 내는 돈

건축헌금 : 건축을 위해 내는 돈

장학헌금 : 장학사업을 위해 내는 돈

구제헌금 : 구제를 위해 내는 돈

성령충만헌금 : 성령 충만하기 위해 내는 돈

그런데 개역개정성경이 연보(捐補 : 줄 연, 도울 보 [누군가를 돕기 위해 내는 돈])라는 단어를 슬그머니 밀어내고 헌금(獻金 : 바칠 헌, 쇠 금 [돈을 바침])이라는 단어를 밀어 넣었다. 1937년에 발행된 성경에는 헌금이라는 단어가 없다. 16개 모두 연보로 썼는데 개역개정성경이 이 가운데 8개를 헌금으로 바꿨다. 즉, 목적도 없이 그저 돈을 바치라는 것이다. 성경에는 하나님이 목적도 없이 돈을 바치라고 한 근거가 없다.

하나님이 주시는 만나와 메추라기를 먹으며 구름이 걷히면 진을 거두어 이동하고 구름이 멎으면 천막을 쳐야 하는 광야 생활에서 과연 돈이 통용되었을까? 상식적으로 돈이 통용되었을 리 없다. 그런데 여호와께 예물을 가져온 것을 왜 돈을 바쳤다고 고쳤을까? 그 의도가 무엇일까? 분명히 어떤 의도가 있지 않을까? 전투에서 적군인 미디안 병사들로부터 얻은 전리품인데, 미디안 병사들이 소지하고 있는 돈을 탈취해 하나님께 바쳤다는 말인가? 어불성설(語不成說)이고 언어도단(言語道斷)이다.

> **정리** 성경에서 목적도 없이 돈을 내라고 하는 '헌금'이라는 단어는 삭제해야 하고, 이를 다시 연보로 바꿔야 한다. 따라서 민수기 31장 50절에 나오는 '헌금'이라는 단어도 개악하기 전의 '예물'로 다시 바꿔야 한다.

개역개정성경 민수기 32장 9절

그들이 에스골 골짜기에 올라가서 그 땅을 보고 이스라엘 자손을 낙심하게 하여서 여호와께서 그들에게 주신 땅으로 갈 수 없게 하였었느니라

- 민수기 13장 21절에는 예루살렘 북쪽 약 400km 하맛 어귀에 있는 르홉까지 올라가서 정탐한 것으로 기록하고 있다.
- 가데스바네아에서 에스골 골짜기까지의 거리가 약 110km다. 그렇다면 정탐 기간이 40일이나 걸릴 필요가 없다.

정리 13장 21~23절에 맞추어 다음과 같이 정리한다.
하맛 어귀까지 올라가 정탐을 마치고 돌아오는 길에 그들이 에스골 골짜기에서 그 땅의 과일들을 가지고 돌아와 이스라엘 자손을 낙심하게 하여서…

개역개정성경 민수기 33장 31~33절

31 모세롯을 떠나 브네야아간에 진을 치고 32 브
네야아간을 떠나 홀하깃갓에 진을 치고 33 홀하
깃갓을 떠나 욧바다에 진을 치고

신명기 10장 6~7절을 보면 이스라엘 자손이 브에롯 브
네야아간에서 길을 떠나 모세라에 이르러 아론이 거기서
죽어 장사되었고, 그의 아들 엘르아살이 그를 이어 제사
장의 직임을 행하였으며, 또 거기를 떠나 굿고다에 이르
렀다고 나온다.

• 민수기 여정 : 브네야아간 → 홀하깃갓 → 욧바다
• 신명기 여정 : 브에롯브네야아간 → 모세라(아론 사망) →
  굿고다 → 욧바다

정리 모세롯과 모세라가 같은 지역 이름이라 해도 출
이집트 백성이 거쳐간 진의 이름인데 이렇게 다
른 것은 필경 사본 필사자의 오류다.

개역개정성경 민수기 33장 38절

이스라엘 자손이 애굽 땅에서 나온 지 사십 년째 오월 초하루에 제사장 아론이 여호와의 명령으로 호르 산에 올라가 거기서 죽었으니

- 신명기 10장 6절을 보면 아론은 모세라에 이르러 죽어 장사되었다.

- 즉, 아론이 죽은 장소가 민수기에서는 호르 산이고 신명기에서는 모세라다. 출이집트 후반부 여정의 기록은 민수기와 신명기가 이렇게 다르다. 민수기가 전 과정을 기록한 반면, 신명기는 아론이 죽은 장소를 중심으로 앞뒤 장소만 기록했다. 정리해보면 다음과 같다.

민수기 여정[33장 31~37절] : 모세롯(신명기에는 모세라) → 브네야아간 → 홀하깃갓(신명기에는 굿고다) → 욧바다 → 아브로나 → 에시온게벨 → 신 광야(가데스) → 호르 산(아론이 죽은 곳)

신명기 여정[10장 6~7절] : 브네야아간 → 모세라(아론이 죽은 곳) → 굿고다 → 욧바다

• 민수기에는 아론이 죽은 곳이 '호르 산'이고, 신명기에는 아론이 죽은 곳이 '모세라'다.

정리 민수기의 기록이 맞다. 그 이유는 민수기 13장 26~27절을 보면 가나안 땅 정탐꾼들이 정탐 보고를 할 때 모세와 아론, 백성 앞에서 했다고 기록하고 있다. 즉, 정탐꾼들이 정탐 보고를 할 때 아론이 살아 있었다는 말이다. 아론은 보고를 받은 뒤 가데스바네아를 떠나 호르 산에 진을 쳤을 때 그곳에서 죽었다.

이와는 달리 신명기는 정탐꾼들을 보내기 훨씬 전에 아론이 죽은 것으로 기록하고 있다. 이런 확실한 오류에 대해서는 성경의 무오설(無誤說)을 주장할 것이 아니라 바로잡아야 한다.

034

개역개정성경 신명기 15장 1절

매 칠 년 끝에는 면제하라

- 킹제임스성경, 표준새번역성경 : 매 칠 년 끝에는(매 칠 년째 되는 해 마지막 달 마지막 날)
- 현대어성경 : 칠 년이 지날 때마다
- 공동번역성서, 조선어성경 : 칠 년에 한 번씩
- 히브리어직역성경 : 칠 년째 해에
- 우리말비전성경 : 매 칠 년마다

정리 개역한글성경, 개역개정성경, 킹제임스성경, 표준새번역성경, 현대어성경의 표현은 곡해의 소지가 있다. 히브리어직역성경과 우리말비전성경은 곡해의 소지는 없으나 가장 바람직한 표현은 다음과 같다.

안식년이 되는 매 칠 년에 한 번씩은 빚을 탕감해 주어라.

개역개정성경 신명기 16장 3절

유교병을 그것과 함께 먹지 말고 이레 동안은 무교병 곧 고난의 떡을 그것과 함께 먹으라…

신명기 16장 8절

너는 엿새 동안은 무교병을 먹고 일곱째 날에 네 하나님 여호와 앞에 성회로 모이고 일하지 말지니라

- 현대어성경만이 유일하게 "그래도 계속 6일 동안은 무교병을 먹어야 한다."고 썼다. 즉, 히브리어 사본에는 없으나 오해를 불식시키기 위해 '그래도'라는 단어를 첨가한 것이다. 즉, 하나님이 택한 곳에서 유월절 양과 함께 무교병을 먹고 집으로 돌아가서도 계속 6일 동안은 무교병을 먹으라는 말이다.
- 다른 모든 성경은 생각 없이 사본을 충실하게 그대로 번역했다.

- 물론 3절은 유월절을 포함해 7일 동안 무교병을 먹는 날 수를 말하고, 8절의 6일 동안은 예루살렘에서 유월절을 지킨 사람들이 집으로 돌아가서도 6일 동안은 무교병을 먹으라는 말이다.

> **정리** 집을 떠나 유월절을 지킨 사람들은 집으로 돌아가서도 엿새 동안은 무교병을 먹고 일곱째 날에 네 하나님 여호와 앞에 성회로 모이고 일하지 마라.

하나님이 이렇게 말씀하셨을까?

개역개정성경 신명기 16장 16~17절

16 너희 가운데 모든 남자는 일 년에 세 번 곧 무교절과 칠칠절과 초막절에 네 하나님 여호와께서 택하신 곳에서 여호와를 뵈옵되 빈손으로 뵈옵지 말고 17 각 사람이 네 하나님 여호와께서 주신 복을 따라 그 힘대로 드릴지니라

이 말씀을 많은 목회자들이 하나님 앞에 나올 때마다 빈손으로 나와서는 안 되는 것으로 곡해해서 예배를 드릴 때마다 빈손으로 나오지 말라고 호도한다.

정리 분명한 것은 빈손으로 나와서는 안 되는 날은 무교절, 칠칠절, 초막절에 국한된다.

개역개정성경 여호수아 6장 18절

너희는 온전히 바치고 그 바친 것 중에서 어떤 것
이든지 취하여 너희가 이스라엘 진영으로 바치는
것이 되게 하여 고통을 당하게 되지 아니하도록
오직 너희는 그 바친 물건에 손대지 말라

- 여리고 성을 점령할 때 여호수아가 백성에게 한 말인데
  일목요연하지 않다. 요점은 노획물에 손을 대지 말라
  는 것인데, 중간에 "이스라엘 진영으로 바치는 것이 되
  게 하여"라는 말을 넣어 혼란을 초래한다.

- 표준새번역성경 : 너희는 전멸시켜서 바치는 희생제물
  에 손을 댔다가 스스로 파멸당하는 일이 없도록 주의
  하여라. 너희가 전멸시켜서 바치는 그 제물을 가지면
  이스라엘 진이 너희 때문에 전멸할 것이다.

- 현대어성경 : 모조리 없애버려야 할 것은 어떤 이유에
  서든지 남겨두어서는 안 된다. 내 말을 귀담아 듣지 않
  고 하나라도 훔쳤다가는 이스라엘 진영 전체가 훔친 결

과가 되어 비참하게 될 것이다.

- GNB : You are not to take anything that is to be destroyed ; if you do, you will bring trouble and destruction on the Israelite camp.

정리 (성을 점령할 때) 여호와께 온전히 바쳐야 할 것들에 손대지 마라. 그렇게 하지 않으면 너뿐만 아니라 너로 인해 이스라엘 진 전체가 화를 입게 된다.

개역개정성경 여호수아 7장 1절

이스라엘 자손들이 온전히 바친 물건으로 말미암아 범죄하였으니…

이 내용은 아이 성을 쳐서 얻은 노획물은 다 불사르고 금은이나 동, 철제품은 여호와의 집 곳간에 넣어야 했는데 아간이 노획물 가운데서 외투 한 벌과 은 200세겔(2.28kg), 금 50세겔(570g)을 훔친 사건을 말한다.

- 개역개정성경 전의 개역한글성경은 "이스라엘 자손들이 바친 물건을 인하여 범죄하였으니"로 써서 오류는 없었는데, 개정이 아니라 개악을 했다. 온전히 바친 물건으로 인해 범죄했다는 표현은 어불성설이다.
- 2003년 판 개역개정성경에는 "이스라엘 자손들이 바친 물건을 인하여 범죄하였으니"로 제대로 되어 있던 것을 왜 2007년 판 개역개정성경에서 "이스라엘 자손

하나님이 이렇게 말씀하셨을까?

들이 온전히 바친 물건으로 말미암아 범죄하였으니"로 개악했을까?

- 공동번역성서 : 이스라엘 백성이 모든 부정한 것을 없 애라는 명을 어겨 죄를 짓는 일이 생겼다.
- 표준새번역성경 : 이스라엘 자손이 전멸시켜서 주님께 바쳐야 할 물건을 잘못 다루었다.

정리 굳이 '온전히'라는 단어를 써야 했다면 "이스라 엘 자손들이 온전히 바쳐야 할 물건으로 말미암 아 범죄하였으니"로 써야 했다. 그러나 그보다는 "이스라엘 백성이 모든 부정한 것을 없애라는 (여 호와의) 명령을 어겨 죄를 짓는 일이 생겼다."고 하는 것이 더 적합한 표현이다.

개역개정성경 사사기 14장 15절

일곱째 날에 이르러 그들이 삼손의 아내에게 이르되 너는 네 남편을 꾀어…

- 삼손이 혼인 잔치에 초대된 가나안 청년들에게 수수께끼를 걸고 내기를 했다. 칠 일간의 잔치 기간 중 삼 일이 지났으나 그동안 수수께끼를 풀지 못하자 사 일째 되는 날 가나안 청년들이 삼손의 아내에게 남편을 꾀어 답을 알아내라고 협박한다.

- 나흘째 되는 날부터 엿새째 되는 날까지 아내가 졸라대자 이레째 되는 날 삼손이 아내에게 답을 알려주었다는 내용이다. 따라서 이레째 되는 날 그들이 삼손의 아내에게 수수께끼 답을 얻어내라고 말했다는 것은 어폐가 있다.

- 현대어성경과 공동번역성서는 70인역과 시리아역 사본에 따라 "나흘째 되는 날"로 썼다. 조선어성경은 "사흘

하나님이 이렇게 말씀하셨을까?

이 지나도록"으로 썼고, 그 외의 다른 성경은 모두 히브리어 맛소라 사본을 따라 "이레째 되는 날"로 썼다.

정리 나흘째 되는 날 그들이 삼손의 아내에게 말했다. "너는 네 남편을 꾀어…"

개역개정성경 사사기 14장 17절

칠 일 동안 그들이 잔치할 때 그의 아내가 그 앞에서 울며 그에게 강요함으로 일곱째 날에는 그가 그의 아내에게 수수께끼를 알려 주매 그의 아내가 그것을 자기 백성들에게 알려 주었더라

- 16절을 보면 이와는 달리 삼손의 아내가 삼손에게 울며 조른 것은 나흘째 되는 날부터다. 다시 말해 가나안 청년들이 삼손이 낸 수수께끼를 스스로 풀려고 했던 삼 일 동안은 삼손의 아내가 삼손에게 울며 조를 필요가 없었다.

- 삼 일 동안 수수께끼를 풀지 못하자 나흘째 되는 날 가나안 청년들이 삼손의 아내에게 삼손을 꾀어 답을 알아내라고 협박했고, 삼손의 아내는 이때부터 울며 조르기 시작했다.

- 수수께끼를 알려준 것이 아니라 수수께끼 답을 알려주었다.

정리 잔치 나흘째 날부터 아내가 울면서 삼손에게 매달리자 잔치가 끝나는 이레째 되는 날 삼손이 아내에게 수수께끼의 답을 알려주었다.

개역개정성경 사사기 20장 16절

이 모든 백성 중에서 택한 칠백 명은 다 왼손잡이라
물매로 돌을 던지면 조금도 틀림이 없는 자들이더라

'물매'라는 단어는 이 외에 사무엘상 17장 49절과 역대상 12장 2절에도 나온다.

- 히브리어직역성경, 표준새번역성경 : 무릿매

- 공동번역성서, 조선어성경, 현대어성경 : 돌팔매질

- 킹제임스성경, 우리말비전성경 : 돌을 던지되(던지면)

- 우리말큰사전에서 '물매'는 (1) 많이 때리는 매 (2) 나무에 달린 과실 따위를 떨어뜨리려고 던지는 몽둥이 (3) 비탈진 정도라는 뜻이다. 그리고 '무릿매'는 "노끈에 돌을 매어 휘두르다가 놓아 멀리 던지는 팔매질"이라는 뜻이다. 따라서 물매가 아니라 무릿매가 바른 표현이다.

> **정리** … 무릿매로 돌을 던지면 조금도 틀림이 없는 자들이더라.

개역개정성경 사사기 20장 46절

이 날에 베냐민 사람으로서 칼을 빼는 자가 엎드려
진 것이 모두 25,000명이니 다 용사였더라

- 베냐민 병사의 전체 수 : 26,700명[20:15]
- 베냐민 병사의 전사자 수 : 18,000명[20:44]
  + 7,000명[20:45]
- 립몬 바위로 도망간 병사 : 600명[20:47]
- 전사자 수 : 26,700명 − 600명 = 26,100명[20:35]

정리 따라서 46절의 전사자 수 25,000명은 오기이고
20장 35절의 26,100명이 정확한 전사자 수다.

개역개정성경 사무엘상 1장 1절

에브라임 산지 라마다임소빔에 에브라임 사람 엘가나라 하는 사람이 있었으니 그는 여로함의 아들이요 엘리후의 손자요 도후의 증손이요 숩의 현손이더라

사무엘상 1장 1절 엘가나의 족보와 역대상 6장 34~35절 엘가나의 족보가 일치하지 않는다.

- 사무엘상 : 숩 → 도후 → 엘리후 → 여로함 → 엘가나
- 역대상 : 숩 → 도아 → 엘리엘 → 여로함 → 엘가나

정리 '도후'와 '도아'가 같은 사람이고 '엘리후'와 '엘리엘'이 같은 사람이라면 어느 책 사본 필사자의 오기인지는 모르지만 오기다. 통일하는 것이 바람직하다.

개역개정성경 사무엘상 6장 19절

벤세메스 사람들이 여호와의 궤를 들여다 본 까닭에 그들을 치사 (오만) 칠십 명을 죽이신지라

- 궤의 크기는 길이가 2.5규빗(112.5cm), 너비와 높이가 각각 1.5규빗(67.5cm)이다. 이 정도 크기의 궤를 10명 정도가 한 번에 같이 들여다보고 죽는다 해도 70명이 죽으려면 일곱 번을 들여다보아야 한다. 앞 사람들이 궤를 들여다보고 죽는 것을 보고도 계속 들여다보았다는 것도 납득하기 어렵다. 사본 필사자의 분명한 오류다.
- 당시의 인구나 도시 규모로 볼 때 70명으로 보는 것이 그나마 합리적이다.
- 킹제임스성경, 히브리어직역성경 : 50,070명
- 현대어성경, 조선어성경, NIV, GNV : 70명
- YLT : 70명의 백성과 50명의 우두머리
- NLT : 70명의 사람과 소 50마리

정리 그들을 치사 70명을 죽이신지라.

개역개정성경 사무엘상 7장 2절

궤가 기럇여아림에 들어간 날부터 이십 년 동안 오래
있은지라 이스라엘 온 족속이 여호와를 사모하니라

성경 사가들은 언약궤를 블레셋 사람들에게 빼앗긴 것
은 사무엘 선지자 시대인 BC 1075년경이고, 다윗이 통
일 왕국의 왕이 되어 언약궤를 기럇여아림에서 예루살
렘으로 옮긴 것은 왕궁을 건축하고 하나님의 궤를 둘
장소를 마련한 다음인 BC 1003년경으로 본다.

• 언약궤를 빼앗긴 후 예루살렘으로 옮겨오기까지 약 72년
  이 걸렸고, 기럇여아림에 머무른 것은 벧세메스에서 옮
  겨온 초기 20년 동안이었다.

> **정리** 기럇여아림의 아비나답 집에 20년 동안 안치돼 있
> 었던 언약궤가 바로 예루살렘 성으로 옮겨진 것이
> 아니라 성경에 기록은 없으나 다른 장소에 약 반세기
> 정도 더 보관되어 있다가 예루살렘으로 옮겨왔다.

하나님이 이렇게 말씀하셨을까?

개역개정성경 사무엘상 8장 16절

그가 또 너희의 노비와 가장 아름다운 소년과 나귀들을 끌어다가 자기 일을 시킬 것이며

- 공동번역성서, 조선어성경, 현대어성경, NLT, GNB, NIV : 소와 나귀(70인역을 취함)
- 킹제임스성경, 히브리어직역성경, 표준새번역성경, YLT : 소년과 나귀
- 일을 시킬 사람은 이미 노비(남종과 여종)가 있기 때문에 '소년과 나귀'가 아니라 70인역의 '소와 나귀'가 원뜻에 부합하는 것으로 본다. 참고로 히브리어로 소는 바카르, 청년(소년)은 바하르(바후르)다.

> **정리** 그가 너희 남녀 종들을 데려다 일 시키고 소와 나귀를 끌어와 부려먹을 것이며

개역개정성경 사무엘상 13장 1절

사울이 왕이 될 때에 사십 세라 그가 이스라엘을
다스린 지 이 년에

- 표준새번역성경, NIV, NLT : 사울이 왕이 되었을 때
  그의 나이는 30세였다.(70인역 후대 사본을 취함)

- 킹제임스성경 : 사울이 일 년을 다스렸고 그가 이스
  라엘을 이 년간 다스렸을 때(Saul reigned one year; and
  when he had reigned two years over Israel)

- 히브리어 사본에는 1절이 "사울이 1살 때 왕이 되어 2
  년 동안 이스라엘을 다스렸다."로 되어 있어서 불합리
  할 정도가 아니라 명백한 오류이고, 70인역 원본에는
  아예 1절 전체가 없다.

- 사도행전 13장 21절 : 그 후에 그들이 왕을 구하거늘
  하나님이 베냐민 지파 사람 기스의 아들 사울을 사십
  년간 주셨다가

- 사울이 30세에 왕이 되었는지 아니면 40세에 왕이 되었는지 정확히 판단할 근거는 없으나 사울이 40년을 통치하고 길보아 전투에 참전해 전사한 것을 참작하면 40세보다는 30세에 더 비중이 실린다.

정리 사울이 왕이 될 때 그의 나이는 30세였다.

모든 성경 사무엘상 16장 10~11절

10 이새가 아들 7명을 사무엘을 뵙게 했으나 사무엘이 그들 가운데는 여호와께서 택한 사람이 없다고 하면서 11 아들이 또 있느냐고 묻자 이새가 막내가 있다고 하면서 다윗을 데려왔다.

- 위 내용은 이새의 아들이 다윗을 포함해 8명이라는 말이다.
- 그런데 역대상 2장 13~15절을 보면 이새의 아들은 첫째 엘리압, 둘째 아비나답, 셋째 시므아(삼마), 넷째 느다넬, 다섯째 랏대, 여섯째 오셈, 일곱째(막내) 다윗으로 되어 있다. 즉, 이새의 아들은 8명이 아니라 7명이라고 말하고 있다.
- 학자들은 이새의 아들이 8명이라는 전제로 역대상에서 이름이 거명되지 않은 아들은 어려서 일찍 죽었을 것이라고 추정하나 설득력이 약하다.
- 사무엘상 16장 10절 내용을 병행 구절인 역대상과 일치

하나님이 이렇게 말씀하셨을까?

시켜 기록하는 것이 바람직하다.

정리 이새가 아들 여섯 명을 사무엘을 뵙게 했으나

개역개정성경 사무엘상 26장 11~12절

11 내가 손을 들어 여호와의 기름 부음 받은 자를 치는 것을 여호와께서 금하시나니 너는 그의 머리 곁에 있는 창과 물병만 가지고 가자 하고 12 다윗이 사울의 머리 곁에서 창과 물병을 가지고 떠나가되…

- 11절 중간 부분의 "너는"은 삭제하는 것이 바람직하다.
- "여호와의 기름 부음 받은 자"와 "너는 창과 물병만 가지고 가자"는 문장으로도 말로도 자연스럽지 않다.
- 11절에서 다윗이 동행한 아비새에게 창과 물병을 가지고 오라고 명령해놓고 12절에서는 다윗이 직접 창과 물병을 가지고 온 것으로 표현했다.
- 다른 모든 버전은 다윗이 아비새에게 "창과 물병만 가지고 가자"고 말한 뒤, 다윗이 창과 물병을 가지고 와 떠난 것으로 기록하고 있다.

- The Lord forbid that Ishould kill the one he has anointed!
  But take his spear and that jug of water beside his head,
  and then let's get out of here!(NLT)

- NLT 버전이 상황에 부합하는 번역이어서 이를 취한다.

정리 다윗이 아비새에게 말했다. "내가 손을 들어 여호와께서 기름 부은 자를 치는 것을 여호와께서 금하시니 그의 머리 곁에 있는 창과 물병만 가지고 가자." 12 다윗이 사울의 머리 곁에 있는 창과 물병만 가지고 나와 떠났다.

모든 성경 사무엘상 31장 10절

그리고 나서 사울이 입었던 갑옷은 아스다롯 신전에 보관하고 시체는 벧산 성벽에 못 박아 달아 놓았다.

- 같은 내용이 역대상 10장 10절에는 "사울의 갑옷은 그들의 신전에 보관하고 그의 머리는 다곤 신전에 매달아 놓았다."고 되어 있다. 즉, 갑옷을 그들의 신전에 보관한 것은 일치하나 시체를 달아 놓은 곳은 각각 벧산 성벽, 다곤 신전(머리만)으로 기록하고 있다.

- 성경주석은 벧산 성벽에 달아놓은 것은 머리가 없는 시신이라고 구차하게 합리화하나 납득하기 어렵다. 사울의 시체에 머리가 없었다면 31장 12절을 당연히 "사울의 머리가 없는 시체와 그의 아들들의 시체를 성벽에서 내려"라고 써야 했다.

따라서 역대기에서 사울의 시신 중 머리를 따로 다곤

하나님이 이렇게 말씀하셨을까?

신전에 매달아 놓았다고 한 것은 다윗 왕국을 좀 더 긍정적으로 평가하려는 역대기의 저자가 불순종으로 인한 사울의 처참한 종말을 부각시키기 위해 그렇게 썼다고 보는 것이 더 합리적이다.(편집자의 견해)

• 아스다롯과 다곤은 둘 다 가나안의 우상이다. 아스다롯은 풍요와 사랑의 여신(女神)이고, 다곤은 농사와 관련된 신으로 상반신은 사람의 형상, 하반신은 물고기 형상을 하고 있다.

정리 사무엘기가 역대기보다 450년 이상 먼저 쓰인 성경이라는 점을 고려해 역대상 10장 10절을 사무엘상 31장 10절과 일치시켜 다음과 같이 바로잡는다.

사울의 갑옷은 아스다롯 신전에 보관하고 시체는 벧산 성벽에 못 박아 달아 놓았다.

개역개정성경 사무엘하 5장 25절

이에 다윗이 여호와의 명령대로 행하여 블레셋 사람을 쳐서 게바에서 게셀까지 이르니라

- 같은 내용을 역대상 14장 6절은 "기브온에서부터 게셀까지 이르렀더니"로 기록했다.
- 세 성의 위치를 살펴보면 예루살렘 북동쪽 약 10km에 게바, 게바 서쪽 약 8km에 기브온, 기브온 서쪽 약 26km에 게셀이 있다.
- 주석의 풀이는 이렇다. 이스라엘 군에 쫓기던 블레셋 군이 일단 그들의 강력한 수비대가 있는 게바로 후퇴했다가 그곳에서도 전세가 불리해지자 기브온을 거쳐 그들의 본토인 게셀로 후퇴했다는 것이다.

정리 정말 지엽적인 오류이기 때문에 두 기록을 일치시키는 것이 바람직하다. 사무엘기가 역대기보다 450년 이상 먼저 쓰인 성경인 점을 고려해 역대기의 기록을 "게바에서 게셀까지"로 바로잡는다.

하나님이 이렇게 말씀하셨을까?

개역개정성경 사무엘하 6장 6절

그들이 나곤의 타작 마당에 이르러서는 소들이 뛰
므로 웃사가 손을 들어 하나님의 궤를 붙들었더니

- 같은 내용을 역대상 13장 9절에서는 "기돈의 타작 마
  당에 이르러서는"으로 썼다.
- 주석에는 이에 대해 네 가지 견해가 있으나 견해는 견
  해일 뿐이다. 영에 감동된 저자가 이렇게 썼을 리 없다.
- 성경에는 발음이 비슷한 동명이인과 지명이 꽤 있지
  만, 나곤과 기돈은 발음이 비슷하지도 않다. 역대기
  사본 필사자의 오류로 본다.(편집자의 견해)

정리 이 역시 사무엘기가 역대기보다 450년 이상 먼저
쓰인 점을 고려해 역대기를 "나곤의 타작 마당에
이르러서는"으로 바로잡는다.

개역개정성경 사무엘하 9장 1절

다윗이 이르되 사울의 집에 아직도 남은 사람이 있느냐 내가 요나단으로 말미암아 그 사람에게 은총을 베풀리라 하니라

사무엘하 9장 3절

왕이 이르되 사울의 집에 아직도 남은 사람이 없느냐 내가 그 사람에게 하나님의 은총을 베풀고자 하노라 하니…

- '아직'은 지금도 전과 같은 상태임을 나타내는 부사이다. 따라서 3절의 '아직도'와 '없느냐'는 호응을 이루지 못한다. 즉, '아직도'라는 부사를 쓰려면 당연히 '있느냐'로 써야 한다.
- NLT는 혼란을 방지하기 위해 9장 1절, 3절 다윗의 질문을 통일했다.

9:1 Is anyone in Saul's family still alive?

9:3 Is anyone still alive from Saul's family?

- 9장 1절과 3절에서 다윗은 같은 내용을 질문했다. 굳이 구분하자면 1절은 사울의 종 시바가 없을 때 신하들에게 질문한 것이고, 3절은 시바에게 직접 질문한 것이다.

정리 같은 내용이지만 3절을 1절과 달리 표현하려면 이렇게 써야 한다.

사울의 집 안에 너[시바] 외에 아무도 남은 자가 없느냐?

개역개정성경 사무엘하 12장 8절

네 주인의 집을 네게 주고 네 주인의 아내들을 네
품에 두고…

- 네 상전의 딸과 아내들을[공동번역성경], 네 주인의
여자들을[히브리어직역성경], 네 주인의 아내들을[킹
제임스성경], 그의 궁녀들만이 아니라[현대어성경],
네 상전의 아내들을[표준새번역성경]처럼 모든 성경
이 복수로 번역했다. 하지만 사울의 딸 가운데 다윗의
아내가 된 사람은 미갈뿐이다.[사무엘상 18장 27절]
- 여기서 '네'는 다윗, '주인'은 사울 왕을 말한다.

정리 네 주인의 집을 네게 주고 네 주인의 딸을 네 품
에 두고

하나님이 이렇게 말씀하셨을까?

킹제임스성경 사무엘하 15장 7절

사십 년 후의 일이라. 압살롬이 왕에게 고하기를 "내가 청하오니 나로 가서 내가 헤브론에서 주께 서원한 내 서원을 갚게 하소서."

- 압살롬이 자기 여동생 다말을 겁탈한 이복형제 암논을 죽이고 그술로 도피해 3년 동안 있다가[사무엘하 13장 38절] 요압의 중재로 예루살렘으로 돌아와 다시 왕 앞에 나선 기간을 히브리어 사본을 따라 40년이라고 썼다. 40년으로 쓴 히브리어 사본이 명백히 오류인 것은 다윗의 통치 기간이 40년이기 때문이다.

- 킹제임스성경과 히브리어직역성경은 히브리어 사본을 따라 40년이라고 썼으나, 그 밖의 다른 성경은 모두 70인역과 시리아어역을 따라 '4년 후의 일'로 썼다.

- 4년이 합리적인 이유는 13장 38절에서 압살롬의 그술

도피 기간이 3년이라고 했고, 예루살렘으로 돌아와 역모를 도모하는 기간을 1년 정도로 본 것이다.

정리 사 년 후의 일이라. 압살롬이 왕에게 고하기를…

하나님이 이렇게 말씀하셨을까?

개역개정성경 사무엘하 23장 8절

> 8 다윗의 용사들의 이름은 이러하니라 다그몬 사람 요셉밧세벳이라고도 하고 에센 사람 아디노라고도 하는 자는 군지휘관의 두목이라 그가 단번에 800명을 쳐 죽였더라

- 사무엘하 23장 8절에서 39절까지에 나오는 다윗의 용사들 이름과 역대상 11장 10절에서 47절에 나오는 다윗의 용사들 이름을 대조해보면 많이 다르다.(자세한 내용은 역대상에서 다룸)

- 세 용사의 우두머리인 요셉밧세벳이 단번에 800명을 쳐 죽였다고 했는데, 같은 내용이 역대상 11장 11절에는 야소브암이 300명을 쳐 죽인 것으로 기록되어 있다.

정리 역대상의 내용을 450년 이상 먼저 쓰인 사무엘하의 내용과 일치시키는 것이 바람직하다.

개역개정성경/킹제임스성경 사무엘하 23장 11절

그 다음은 하랄 사람 아게의 아들 삼마라 블레셋 사람들이 사기가 올라 거기 녹두나무가 가득한 한쪽 밭에 모이매 백성들은 블레셋 사람들 앞에서 도망하되

- '녹두나무가 가득한 밭'을 역대상 11장 13절에서는 '보리가 많이 난 밭'으로 썼다.
- 표준새번역성경, 현대어성경, 공동번역성서, 히브리어직역성경 : 팥밭
- 영어성경은 '완두콩(pea)' 또는 '렌즈콩(lentil)'으로 번역했다.
- 팥밭이냐 보리밭이냐 녹두나무밭이냐를 말하기에 앞서 녹두는 콩과의 한해살이풀이지 다년생 나무가 아니다.

> **정리** 보리밭, 팥밭, 콩밭 가운데 하나로 통일하는 것이 바람직하다.

하나님이 이렇게 말씀하셨을까?

개역개정성경 사무엘하 23장 39절

헷 사람 우리아라 이상 총수가 37명이었더라

- 사무엘하 23장 8절에서 39절에 나오는 다윗왕의 용사의 총수가 37명이라고 했으나 세어보면 36명이다.
- 11절의 하랄 사람 아게의 아들 삼마가 33절에 하랄 사람 삼마로 중복되어 있어서 실제로는 35명이다.

정리 이름이 중복 기재된 '삼마'는 기록에서 삭제하고 37명을 35명으로 수정하는 것이 바람직하다.

개역개정성경 사무엘하 24장 1절

여호와께서 다시 이스라엘을 향하여 진노하사 그
들을 치시려고 다윗을 격동시키사 가서 이스라엘
과 유다의 인구를 조사하라 하신지라

사무엘하 24장 9절

요압이 백성의 수를 왕께 보고하니 곧 이스라엘
에서 칼을 빼는 담대한 자가 80만 명이요 유다 사
람이 50만 명이었더라

- 개역개정성경, 킹제임스성경, 히브리어직역성경, 현대
  어성경 : 1절은 인구조사로, 9절은 병사로 되어 있다.
- 공동번역성서, 조선어성경 : 1절은 병적조사, 9절은
  병사로 되어 있다.
- 인구조사는 모든 백성이 대상이고 병사는 20세 이상
  징집 대상자만이 대상이므로 인구조사와 병사는 호응
  을 이루지 못한다. 공동번역성서와 조선어성경의 병

적조사와 병사가 바람직하다.

- 9절 병사의 수도 이스라엘이 80만 명이고 유다가 50
만 명이나, 역대상 21장 5절을 보면 이스라엘이 110
만 명이고 유다가 47만 명이다. 역대상의 기록을 사
무엘하의 기록으로 통일하는 것이 바람직하다.

정리 기록을 참조해 다음과 같이 정리한다.

사무엘하 24장 1절 : … 다윗에게 이스라엘과 유
다의 병적을 조사할 마음을 품게 하셨다.
역대상 21장 5절 : 칼을 쓸 수 있는 병사의 수가
이스라엘 80만 명, 유다 50만 명이었다.

- 열왕기상·하에는 이스라엘과 유다 왕들의 즉위에 관한 기사가 모두 36항목이 나온다. 이 가운데 29번째 항목인 유다의 14대 므낫세 왕 즉위부터 35번째 항목인 유다의 마지막 왕 20대 시드기야까지의 즉위는 생략하고(즉위 연도를 이스라엘 왕과 대비할 필요가 없기 때문), 첫 번째 항목인 열왕기상 15장 1절 유다의 2대 왕 아비얌의 즉위부터 28번째 항목인 이스라엘의 마지막 왕 19대 호세아의 즉위를 저자가 작성한 즉위 도표에 대비해보았다.

- 28개 항목 가운데 도표와 일치하는 항목은 4개이고 도표와 다른 항목은 24개인데, 이 가운데 4개 항목은 어이없는 오류였다.(책 뒤 부록의 즉위 도표 참조) 다음 기록 중 **짙은 고딕 글자**는 도표와 일치하는 것이고 나머지 항목은 모두 일치하지 않는 항목인데, 그 가운데서도 *짙은 빗글*은 참 어처구니없는 오류다.

01. 왕상 15:1

이스라엘 초대 왕 여로보암 18년에 유다 2대 아비얌이 즉위한 것으로 되어 있음.

여로보암 18년 → 여로보암 17년(유다 초대 르호보암이 17년 통치했기 때문)

02. 왕상 15:9

　　이스라엘 여로보암 20년에 유다 3대 아사 즉위

　　여로보암 20년 → 여로보암 19년

03. 왕상 15:29

　　유다 3대 아사 2년에 이스라엘 2대 나답 즉위

　　아사 2년 → 아사 4년(이스라엘 초대 여로보암이 22년을 통치했기 때문에

　　아사 2년은 여로보암 통치 20년 되는 해)

04. 왕상 15:33

　　유다 3대 아사 3년에 이스라엘 3대 바아사 즉위

　　아사 3년 → 아사 5년

05. 왕상 16:8

　　유다 3대 아사 26년에 이스라엘 4대 엘라 즉위

　　아사 26년 → 아사 28년

06. 왕상 16:15

　　유다 3대 아사 27년에 이스라엘 5대 시므리 즉위

　　아사 27년 → 아사 29년

07. 왕상 16:23

　　유다 3대 아사 31년에 이스라엘 6대 오므리 즉위

　　아사 31년 → 아사 29년(이스라엘 5대 시므리가 7일 통치했기 때문에 6대 오

　　므리는 5대 시므리와 같은 해에 즉위)

08. 왕상 16:29

　　유다 3대 아사 38년에 이스라엘 7대 아합 즉위

　　아사 38년 → 아사 40년

09. 왕상 22:42

이스라엘 아합 4년에 유다 4대 여호사밧 즉위

아합 4년 → 아합 2년

10. 왕상 22:51

유다 4대 여호사밧 17년에 이스라엘 8대 아하시야 즉위

여호사밧 17년 → 여호사밧 21년

11. 왕하 3:1

유다 4대 여호사밧 18년에 이스라엘 9대 여호람(요람) 즉위

여호사밧 18년 → 여호사밧 22년

* *그런데 같은 내용을 왕하 1:17에서는 유다 5대 여호람(요람) 2년*
  에 이스라엘 9대 여호람이 즉위했다고 기록했다.

12. 왕하 8:16

이스라엘 9대 여호람 5년에 유다 5대 여호람 즉위

여호람 5년 → 여호람 4년

13. 왕하 8:25

이스라엘 9대 여호람 12년에 유다 6대 아하시야 즉위

여호람 12년 → 여호람 11년

13. 왕하 9:29

이스라엘 9대 여호람 11년에 유다 6대 아하시야 즉위

14. 왕하 12:1

이스라엘 10대 예후 7년에 유다 8대 요아스 즉위

예후 7년 → 예후 6년

하나님이 이렇게 말씀하셨을까?

15. 왕하 13:1

   유다 8대 요아스 23년에 이스라엘 11대 여호아하스 즉위

16. 왕하 13:10

   유다 8대 요아스 37년에 이스라엘 12대 요아스(유다 왕과 동명이인)
   즉위

   요아스 37년 → 39년

17. 왕하 14:1

   이스라엘 12대 요아스 2년에 유다 9대 아마샤 즉위

18. 왕하 14:23

   유다 9대 아마샤 15년에 이스라엘 13대 여로보암[2세] 즉위

19. 왕하 15:1

   이스라엘 13대 여로보암 27년에 유다 10대 아사랴(웃시야) 즉위

   여로보암 27년 → 여로보암 15년(여로보암 27년은 유다 10대 아사랴 통
   치 13년째 되는 해)

20. 왕하 15:8

   유다 10대 아사랴 38년에 이스라엘 14대 스가랴 즉위

   아사랴 38년 → 아사랴 27년

21. 왕하 15:13

   유다 10대 아사랴 39년에 이스라엘 15대 살룸 즉위

   아사랴 39년 → 27년

22. 왕하 15:17

   유다 10대 아사랴 39년에 이스라엘 16대 므나헴 즉위

   아사랴 39년 → 27년

23. 왕하 15:23

　　유다 10대 아사랴 50년에 이스라엘 17대 브가히야 즉위

　　아사랴 50년 → 아사랴 36년

24. 왕하 15:27

　　유다 아사랴 52년에 이스라엘 18대 베가 즉위

　　아사랴 52년 → 아사랴 37년(아사랴 52년은 그의 통치 마지막 해이고 베가

　　통치 16년째 되는 해)

25. 왕하 15:30

　　유다 11대 요담 20년에 이스라엘 마지막 왕인 19대 호세아 즉위

　　요담 20년 → 요담 5년(15:33에 요담은 16년 통치했다고 기록)

　　왕하 17:1에서는 호세아가 유다 12대 아하스 12년에 즉위했다고

　　기록

26. 왕하 15:32

　　이스라엘 18대 베가 2년에 유다 11대 요담 즉위

　　베가 2년 → 베가 16년

27. 왕하 16:1

　　이스라엘 18대 베가 17년에 유다 12대 아하스 즉위

　　아하스는 이스라엘 멸망 4년째 되는 해에 즉위

28. 왕하 18:1

　　이스라엘 마지막 왕인 19대 호세아 3년에 유다 13대 히스기야 즉위

　　히스기야는 이스라엘 멸망 19년째 되는 해에 즉위

✻ 즉위 도표 작성 기준 ···

① 이스라엘과 유다의 건국 연도는 사가들의 견해를 취해 BC 931년으로 함.

② 이스라엘과 유다 모두 왕의 통치 기간이 기록되어 있으므로 통치 기간을
   최우선으로 도표를 그림.

③ 통치 기간은 만(滿)으로 계산할 수 없으므로 왕의 사망과 동시에 후임 왕이
   즉위하고 즉위 1년으로 계산함.

③ 통치 기간 6개월 이하는 후임 왕이 선왕과 같은 해에 즉위한 것으로 표시함.

④ 한 칸을 일 년으로 계산함.

개역개정성경 열왕기상 8장 9절

그 궤 안에는 두 돌판 외에 아무것도 없으니 이것은 이스라엘 자손이 애굽 땅에서 나온 후 여호와께서 저희와 언약을 맺으실 때에 모세가 호렙에서 그 안에 넣은 것이더라

• 참고로 '궤'는 증거궤, 법궤, 언약궤, 여호와의 궤, 하나님의 궤, 이스라엘 신의 궤, 주 여호와의 궤, 권능의 궤 등으로 불렸고 두 돌판과 언약의 돌판들은 십계명이 기록된 증거판을 말한다.

• 궤는 언약궤, 증거궤, 이스라엘 신의 궤, 증거판과 같은 말로 십계명이 기록된 두 개의 돌판을 말한다.

• 히브리서 9장 4절에는 "금 향로와 사면을 금으로 싼 언약궤가 있고 그 안에 만나를 담은 금 항아리와 아론의 싹난 지팡이와 언약의 돌판들이 있고"로 되어 있어 언약궤 안에 들어 있는 내용이 서로 다르다.

하나님이 이렇게 말씀하셨을까?

• 증거판과 아론의 싹난 지팡이, 만나를 담은 항아리와 관련된 말씀을 살펴보면 다음과 같다.

출이집트기 40장 20절 : 증거판은 언약궤 안에

출이집트기 16장 33~34절 : 만나를 담은 항아리는 (언약궤 안) 증거판 앞에

민수기 17장 4절 : 싹난 지팡이는 (언약궤 밖) 언약궤 앞에

정리 위 말씀을 정리하면 만나를 담은 항아리와 증거판은 언약궤 안에 보관하되 만나 항아리를 증거판 앞에 놓아 보관하고, 싹난 지팡이는 언약궤 안이 아니라 언약궤 밖, 언약궤 앞에 보관하라는 말이 된다.
그러나 열왕기상 8장 9절에 언약궤 안에 두 돌판 (증거판) 외에는 아무것도 없었다고 한 것으로 보아 광야에서 증거판을 언약궤 안에 넣어 보관할 때부터 다윗이 언약궤를 성전으로 옮길 때까지 약 500년 동안, 특별히 블레셋이 언약궤를 노획했을 때 만나 항아리와 싹난 지팡이는 소실되었을 것으로 본다.
따라서 히브리서의 기록은 후대 사가들이 사본을 충분히 검토하지 않고 추가한 것으로 추정한다.

개역개정성경 열왕기상 11장 3절

왕은 후궁이 700명이요 첩이 300명이라 그의 여인들이 왕의 마음을 돌아서게 하였더라

- 왕의 아내를 부르는 호칭은 후비(后妃), 왕비(王妃), 왕후(王后)이고, 후궁(後宮)은 왕의 첩을 일컫는 말이다. 따라서 위 내용은 첩이 700명이요, 첩이 300명이라는 말이 되어서 오류다.

- 개역한글성경 : 후비가 700인이요 빈장(嬪嫱)이 300인이라.(빈장은 왕의 수청을 들던 궁녀를 말함)

- 개역개정성경이 개역한글성경의 '빈장'이라는 어려운 말을 '첩'으로 바꾼 것은 잘한 일이나, 후비(后妃)를 후궁(後宮)으로 바꾸어 "첩이 칠백 명이요 첩이 삼백 명이라"가 되었으니 개악(改惡)이다. 열 권의 한글성경 가운데 개역개정성경만이 오류를 범했다.

- 같은 내용이 아가서 6장 8절에는 "왕비가 60명 후궁이 80명"으로 기록되어 있다.

하나님이 이렇게 말씀하셨을까?

정리 왕은 왕비(왕후, 후비)가 700명이요 첩(후궁)이 300
명이다. 다만 왕비와 첩의 숫자가 기독교의 정체
성과는 전혀 무관한 것이므로 아가서와 일치시키
는 것이 바람직하다.

개역개정성경 열왕기상 15장 1~2절

1 느밧의 아들 여로보암 왕 열여덟째 해에 아비얌이 유다 왕이 되고 2 예루살렘에서 삼 년 동안 다스리니라 그의 어머니의 이름은 마아가요 아비살롬의 딸이더라

열왕기상 15장 9~10절

9 이스라엘의 여로보암 왕 제이십년에 아사가 유다 왕이 되어 10 예루살렘에서 사십일 년 동안 다스리니라 그의 어머니의 이름은 마아가라 아비살롬의 딸이더라

열왕기상 15장 13절

또 그의 어머니 마아가가 혐오스러운 아세라 상을 만들었으므로 태후의 위를 폐하고 그 우상을 찍어 기드론 시냇가에서 불살랐으나

• 유다의 2대 왕 '아비얌'이 역대하 13장 1절에는 '아비야'로 나오고, 아비살롬의 딸 '마아가'는 역대하 13장

하나님이 이렇게 말씀하셨을까?

2절에 '미가야'로 나온다.

- 10장 9절에서 여로보암 20년에 유다의 3대 아사가 즉위했다고 썼으나, 유다의 초대 르호보암이 17년 통치하고 그해에 2대 아비얌이 즉위해 3년 통치했으면 선왕의 마지막 해가 후임 왕의 통치 1년이므로 이스라엘의 여로보암 19년이 되는 해다. 그해에 유다의 3대 아사가 즉위했다.

- 아비얌의 어머니 이름과 3대 왕 아사의 어머니 이름이 모두 아비살롬의 딸 마아가로 기록되어 있다. 그렇다면 아비얌과 아사는 형제가 된다. 그런데 15장 8절에는 또 아사를 아비얌의 아들이라 말하고 있다.

- 유다의 왕위는 아들만 승계했다.(예외 : 마지막 왕 시드기야는 선왕 여호야긴의 삼촌)

- 아비야와 아비얌은 같은 사람이다. 아비얌은 히브리어 사본을 번역한 이름이고, 아비야는 70인역 사본을 번역한 이름이다.

정리 위 내용에 따라 정리하면 다음과 같다.

열왕기상 15장 9~10절 : 이스라엘의 여로보암 왕 21년에 유다에서는 아사가 왕이 되어 예루살렘에서 41년 동안 다스렸다. 그의 할머니 이름은 아비살롬의 딸 마아가다.

열왕기상 15장 13절 : 또 그의 할머니 마아가가 아세라 상을 만들어 태후의 위를 폐하고…

개역개정성경 열왕기상 15장 14절

다만 산당은 없애지 아니하니라 그러나 아사의
마음이 일평생 여호와 앞에 온전하였으며

- 역대하 14장 2~3절 : 유다 왕 아사가 산당을 없애고

- 역대하 15장 17절 : 유다 왕 아사가 산당은 제거하지
  아니하였으나

정리 기록만으로는 산당을 제거했는지 여부를 확인할
방법이 없다. 분명한 것은 히브리어 사본의 오류
이기 때문에 산당을 제거했든지 제거하지 않았든
지 통일해야 한다.

개역개정성경 열왕기상 20장 23절

아람 왕의 신하들이 왕께 아뢰되 그들의 신은 산
의 신이므로 그들이 우리보다 강하였거니와 우리
가 만일 평지에서 그들과 싸우면 반드시 그들보
다 강할지라

열왕기상 20장 28절

··· 여호와는 산의 신이요 골짜기의 신은 아니라
하는도다 그러므로 내가 이 큰 군대를 다 네 손에
넘기리니···

- 23절의 "평지에서 그들과 싸우면"과 28절의 '골짜기
  의 신'이 호응을 이루지 못한다. 호응을 이루려면 골
  짜기의 신이 아니라 '평지의 신'이 되어야 한다.
- 개역개정성경과 킹제임스성경, NIV성경은 23절을
  "여호와가 평지의 신이 아니기 때문에 우리가 평지에

서 싸우면 그들을 이길 것이다."로, 28절은 "여호와가 골짜기의 신은 아니다."로 표현하고 있다.

- 현대어성경과 표준새번역성경, NLT와 GNB성경은 두 절이 호응을 이루도록 28절을 '평지의 신'으로 기록하고 있다.

- 하나님이 오류가 있는 사본의 기록을 좋아하실까? 아니면 호응을 이루도록 수정한 기록을 더 좋아하실까? 하나님이 영에 감동된 저자에게 처음 말씀을 주실 때 개역개정성경이나 킹제임스성경처럼 호응이 안 되게 말씀하셨을 리 없다. 사본 필사자의 오류다.

정리 28절의 '골짜기의 신'을 23절과 호응을 이루기 위해 현대어성경, 표준새번역성경, NLT, GNB처럼 '평지의 신'으로 바꿔야 한다.

개역개정성경 열왕기상 21장 29절

아합이 내 앞에서 겸비하므로 내가 재앙을 저의 시대에는 내리지 아니하고 그 아들의 시대에야 그의 집에 재앙을 내리리라 하셨더라

- 출이집트기 20장 5절 ; 그것들에 절하지 말며 그것들을 섬기지 말라. 네 하나님 여호와는 질투하는 하나님인즉 나를 미워하는 자의 죄를 갚되 아버지의 죄로부터 후손 삼사 대까지 이르게 하거니와

- 신명기 24장 16절 : 아버지는 그 자식들로 말미암아 죽임을 당하지 않고 자식들도 그 아버지로 말미암아 죽임을 당하지 않을 것이니 각 사람은 자기의 죄로 말미암아 죽임을 당할 것이다.

- 열왕기하 14장 6절 : 자녀로 말미암아 아버지를 죽이지 말 것이요, 아버지로 말미암아 자녀를 죽이지 말 것이니라. 오직 사람마다 자기의 죄로 말미암아 죽을

것이니라.

- 예레미야 31장 29~30절 : 아버지가 신 포도를 먹었으므로 아들들의 이가 시다 하지 아니하겠고 신 포도를 먹은 자마다 그의 이가 신 것 같이 <u>누구나 자기의 죄악으로 말미암아 죽으리라.</u>

- 에스겔 18장 20절 : 아들은 아버지의 죄악을 담당하지 아니할 것이요, 아버지도 아들의 죄악을 담당하지 아니하리니 <u>의인의 공의도 자기에게 돌아가고 악인의 악도 자기에게 돌아가리라.</u>

- 출이집트기와 신명기는 모세가 썼다. 그런데 출이집트기와 신명기의 내용이 상치한다.

정리 주석도 해설이 불가능한 난제(難題) 가운데 하나다.

개역개정성경 열왕기하 1장 17절

왕이 엘리야가 전한 여호와의 말씀대로 죽고 그가 아들이 없으므로 여호람이 그를 대신하여 왕이 되니 유다 왕 여호사밧의 아들 여호람의 둘째 해였더라

축약 : 유다의 5대 여호람 2년에 이스라엘 여호람 즉위

열왕기하 3장 1절

유다의 여호사밧 왕 열여덟째 해에 아합의 아들 여호람이 사마리아에서 이스라엘을 열두 해 동안 다스리니라

축약 : 유다의 4대 여호사밧 18년에 여호람 즉위

- 이스라엘의 9대 여호람 왕의 즉위를 열왕기하 1장 17절에는 유다의 5대 여호람 2년, 열왕기하 3장 1절에는 유다의 4대 여호사밧 18년이라고 기록했다.
- 한마디로 어처구니없는 오류다.

하나님이 이렇게 말씀하셨을까?

- 주석은 궁색하게 섭정을 시작한 해를 기준으로 계산한 기록이 있고 정식으로 등극한 해를 기준으로 계산한 기록이 있다고 설명하고 있으나 납득하기 어렵다. 비록 성경을 기록할 당시 우리말에 섭정에 해당하는 히브리어 단어가 없었다고 해도 다른 말로 얼마든지 표현할 수 있었기 때문이다.
- 부록 왕 즉위 도표 참조

정리 한 저자가 쓴 내용이 이렇게 다른 것은 원본의 오류가 아니라 분명히 사본 필사자의 오류다. 따라서 성경 사가들이 바로잡아야 한다.

개역개정성경 열왕기하 8장 15절

그 이튿날에 하사엘이 이불을 물에 적시어 왕의 얼굴에 덮으매 왕이 죽은지라 그가 대신하여 왕이 되니라

열왕기하 13장 3절

여호와께서 이스라엘에게 노하사 늘 아람 왕 하사엘의 손과 그의 아들 벤하닷의 손에 넘기셨더니

- 8장 15절에는 아람 왕 하사엘이 전왕인 벤하닷을 죽이고 왕위에 오른 것으로 되어 있으나 13장 3절에는 벤하닷을 하사엘의 아들로 기록하고 있어서 혼란스럽다.

- 하사엘은 벤하닷의 고위관리였으나 선지자 엘리사에게 "네가 아람 왕이 될 것"이라는 말을 듣고 벤하닷을

죽이고 왕위에 오른 사람이다.[열왕기상 8장 13절, 8장 15절]

- 기독교 낱말 큰사전에 따르면 '벤하닷'은 아람 왕을 일컫는 고유 명칭이다.
- 그렇다면 왕이 된 하사엘도 아람의 벤하닷이다.
- 성경사전에는 벤하닷 1세, 벤하닷 2세, 벤하닷 3세라는 말이 있는데 이것도 난센스다. 왜냐하면 1세, 2세, 3세는 사람 이름에 붙이지 직함에 붙이지 않기 때문이다.

정리 사본 필사자의 오류다. 바로잡아야 한다.

개역개정성경 열왕기하 8장 16절

이스라엘의 왕 아합의 아들 요람 제오년에 여호
사밧이 유다의 왕이었을 때에 유다의 왕 여호사
밧의 아들 여호람이 왕이 되니라

- 아들이 섭정했다는 뜻으로 이해할 수밖에 없지만 바람
  직한 표현이 아니다.
- 영어성경은 아예 개역개정성경의 "여호사밧이 유다의
  왕이었을 때"를 생략했다.

  NLT : Jehoram son of King Jehoshaphat of Judah began
  to rule over Judah in the fifth year of the regin of Joram
  son of Ahab, king of Israel. 이스라엘 아합의 아들 요람
  5년에 유다에서는 여호사밧의 아들 요람이 즉위했다.

> **정리** 이스라엘의 왕 아합의 아들 요람 제4년에 유다에서
> 는 여호사밧의 아들 요람(이스라엘 왕과 동명이인)이 즉
> 위했다. (부록 왕 즉위 도표 참조)

개역개정성경 열왕기하 8장 18절

그가 이스라엘 왕들의 길을 가서 아합의 집과 같
이 하였으니 이는 아합의 딸이 그의 아내가 되었
음이라…

열왕기하 8장 26~27절

26 아하시야가 왕이 될 때에 나이가 이십이 세라
예루살렘에서 일 년을 통치하니라 그의 어머니의
이름은 아달랴라 이스라엘 왕 오므리의 손녀이더
라 27 아하시야가 아합의 집 길로 행하여… 그는
아합의 집의 사위가 되었음이러라

- 18절에 따르면 유다 5대 왕 여호람의 아내는 이스라엘
  왕 아합의 딸이다. 그리고 26절을 보면 아합의 딸 이름
  은 아달랴(유다의 7대 여왕)다. 그런데 27절에는 유다의 6대
  왕 아하시야도 아합 집의 사위라고 했다.
- 그렇다면 유다 5대 왕 야호람과 6대 왕 아하시야는 부

자지간이면서 동서지간이 되고, 아하시야는 아합의 사위이면서 외손자가 된다.

하나님이 이렇게 말씀하셨을까?

개역개정성경 열왕기하 8장 21절

(유다 왕) 여호람이 모든 병거를 거느리고 사일로 갔더니 밤에 일어나 자기를 에워싼 에돔 사람과 그 병거의 장관들을 치니 이에 백성이 도망하여 각각 그들의 장막으로 돌아갔더라

- 히브리어 사본 자체의 뜻이 애매모호해 크게 두 가지로 번역하고 있다.
- '-더니'라는 연결어미는 지난 사실이 어떤 원인이나 조건이 될 때 또는 지난 사실을 말하고 이어 그와 관련된 다른 설명을 할 때 사용하는 어미다. 그런데 위 문장 '갔더니'에 사용한 연결어미 '-더니'는 위 원칙에 어긋나 문장이 호응을 이루지 못한다. 호응을 이루려면 "사일로 갔더니"가 아니라 "사일로 가"로 써야 한다.
- 개역개정성경과 킹제임스성경은 에돔 병사들이 도망친 것으로 번역했으나 그 외의 성경은 여호람과 그의 병

사들이 도망친 것으로 번역했다.

NIV : So Jehoram went to Zail with all his chariots. The Edomites surrounded him and his chariot commanders, but he rose up and broke through by night; his army, however, fled back home.(여호람이 그의 모든 병거들을 이끌고 사일로 갔다. 그러나 에돔 병사들이 그와 그의 지휘관들을 포위하자 야음을 틈타 포위망을 빠져나갔고 그의 병사들은 장막으로 도망쳤다.)

정리 여호람과 그의 병거 부대가 적군인 에돔 병사들에게 포위당했다는 내용을 근거로 다음과 같이 정리한다.

여호람이 이끄는 병거 부대가 에돔을 치기 위해 사일로 갔으나 오히려 에돔 병사들에게 포위당하고 말았다. 그러자 여호람이 야음을 틈타 포위망을 뚫고 나왔고 병사들도 모두 장막으로 도망쳤다.

개역개정성경 열왕기하 8장 25절

이스라엘의 왕 아합의 아들 요람 제12년에 유다 왕 여호람의 아들 아하시야가 왕이 되니

열왕기하 9장 29절

아합의 아들 요람의 제11년에 아하시야가 유다 왕이 되었더라

유다 왕 아하시야의 즉위 시기가 8장 25절에는 이스라엘 요람 왕 12년, 9장 29절에는 요람 왕 11년으로 기록되어 있다. 열왕기하 8장 25절 기록이 오기다.

정리 도표를 그려보면 유다 6대 아하시야 왕이 즉위한 시기는 이스라엘의 9대 요람(여호람) 왕 11년이다. (부록 왕 즉위 도표 참조)

개역개정성경 열왕기하 11장 16절

이에 그의 길을 열어 주매 그가 왕궁의 말이 다니
는 길로 가다가 거기서 죽임을 당하였더라

열왕기하 11장 20절

온 백성이 즐거워하고 온 성이 평온하더라 아달
랴를 무리가 왕궁에서 칼로 죽였더라

- 16절을 보면 유다의 유일한 여왕 아달랴는 왕궁의 말
  이 다니는 길로 가다가 거기서 죽음을 당했다.
- 20절에는 아달랴가 왕궁에서 죽은 것으로 기록되어
  있다.

> **정리** 공동번역성서, 현대어성경, 표준새번역성경처럼
> "말이 출입하는 문으로 들어가 왕궁에서 죽였다"
> 가 합리적인 번역이다.

개역개정성경 열왕기하 14장 13절

이스라엘 왕 요아스가 벧세메스에서 아하시야의 손자 요아스의 아들 유다 왕 아마샤를 사로잡고 예루살렘에 이르러…

- 이 구절대로 족보를 그려보면 아하시야의 손자는 요아스이고, 요아스의 아들이 아마샤이다. 따라서 아마샤는 아하시야의 손자가 아니라 증손자가 된다.
- 다른 모든 성경처럼 혼란을 불식시키기 위해 손자 다음에 '요', 아들 다음에 '인'을 첨가해야 한다.

정리 이스라엘 왕 요아스가 벧세메스에서 아하시야의 손자요 요아스의 아들인 유다 왕 아마샤를 사로잡고 예루살렘에 이르러…

개역개정성경 열왕기하 15장 30절

웃시야의 아들 요담 제20년에 엘라의 아들 호세아가 반역하여 르말랴의 아들 베가를 쳐서 죽이고 대신하여 왕이 되니라

열왕기하 15장 33절

나이가 이십오 세라 예루살렘에서 16년간 다스리니라…

- 30절에는 유다 왕 요담 20년에 이스라엘 왕 호세아가 즉위했다고 기록하고 있고, 33절에는 요담이 예루살렘에서 16년간 다스린 것으로 기록하고 있다.

- 도표를 자세히 그려보면 이스라엘의 마지막 왕 호세아는 유다의 11대 요담 왕 5년에 즉위했고, 요담 왕 13년에 이스라엘이 멸망했다.(부록 왕 즉위 도표 참조)

> **정리** 15장 30절 웃시야의 아들 요담 제5년에 엘라의 아들 호세아가 반역하여 르말랴의 아들 베가를 쳐서 죽이고 대신하여 왕이 되니라.

하나님이 이렇게 말씀하셨을까?

개역개정성경 열왕기하 20장 12절

그 때에 발라단의 아들 바벨론의 왕 브로닥발라
단이 히스기야가 병 들었다 함을 듣고 편지와 예
물을 그에게로 보낸지라

- 위 글은 히스기야가 죽을병에서 나았을 때 그 소식을
  들은 바벨론 왕이 편지와 예물을 보냈다는 내용이다.
- 그런데 같은 내용을 개역개정성경 이사야 39장 1절에
  는 "병 들었다가 나았다 함을 듣고"로 썼다.
- 1937년에 발행된 구약전서는 열왕기하와 이사야의
  내용을 모두 "병 들었다가 나았다 함을 듣고"로 썼다.
- 반면 히브리어직역성경은 열왕기하에서는 "병 들었다
  는 소식을 듣고"로, 이사야에서는 "병 들었다가 기운
  을 차렸다는 소식을 듣고"로 썼다.
- 히브리어 사본의 오류로 볼 수밖에 없다.

정리 정황을 고려해 다음과 같이 정리한다.

바벨론 왕 브로닥발라단이 히스기야가 병들었다가 나았다는 소식을 듣고 편지와 예물을 그에게 보낸지라.

하나님이 이렇게 말씀하셨을까?

개역개정성경 열왕기하 23장 29절

요시야 당시에 애굽의 왕 바로 느고가 앗수르 왕
을 치고자 하여 유브라데 강으로 올라가므로 요
시야 왕이 맞서 나갔더니 애굽 왕이 요시야를 므
깃도에서 만났을 때 죽인지라

- 히브리어직역성경, YLT, 킹제임스성경도 개역개정
  성경과 마찬가지로 열왕기하 23장 29절에 유다의 요
  시야 왕 시대 때 이집트의 느고 왕이 앗수르 왕을 치
  려고 유브라데 강으로 올라갈 때 요시야가 느고를
  치려고 나갔다가 느고에게 죽임을 당했다고 기록하
  고 있다.

- 공동번역성서와 표준새번역성경, 현대어성경, NIV,
  NLT, GNB는 느고가 앗수르 왕을 도우려고 나갈 때
  요시야가 느고를 치러 나갔다가 그에게 죽임을 당했
  다고 기록하고 있다.

- 주석의 해석은 이렇다. 이집트의 느고가 왕위에 올랐

던 BC 609년은 신흥 바벨론이 앗수르를 함락시키기 직전이었다(다음 해에 함락시킴). 따라서 이집트의 느고 왕이 앗수르를 치러 갔다는 말은 역사적 정황과 맞지 않으므로 느고 왕이 앗수르를 돕기 위해 갔을 것으로 본다.

정리 어느 것이 맞는 표현인지 정확히는 알 수 없다. 다만 현대어성경이 주석의 견해를 취해 구체적으로 풀어서 썼기에 그 내용을 간추려 옮긴다.

유다의 요시야 왕 30년에 신흥 제국 바벨론에 대항하기 위해 이집트의 바로인 느고가 대군을 거느리고 앗수르를 지원하기 위해 유프라테스 강으로 향했다. 그러나 요시야가 이런 기회에 앗수르의 세력에서 벗어나기 위해 므깃도 길목에서 느고를 맞아 싸웠으나 개전 초에 전사하고 말았다.

하나님이 이렇게 말씀하셨을까?

개역개정성경 열왕기하 23장 34절

바로 느고가 요시야의 아들 엘리아김을 <u>그의 아</u>
<u>버지 요시야를</u> 대신하여 왕으로 삼고 그의 이름
을 고쳐 여호야김이라 하고 여호아하스는 애굽으
로 잡아갔더니 그가 거기서 죽으니라

- 유다의 왕은 모두 선왕의 아들이 승계했다. 예외적으로
  7대 아달랴 여왕과 20대 시드기야 왕이 있었으나, 8대
  요아스 왕이 6대 아하시야 왕의 아들이었고, 20대 시드
  기야 왕은 16대 요시야 왕의 아들이었다.

- 18대 엘리아김 왕의 형인 여호아하스는 엄연히 17대
  왕(3개월 통치)이었다. 따라서 "그의 아버지 요시야를
  대신하여"라는 말은 적절하지 않다.

> **정리** 바로 느고가 요시야의 아들 엘리아김을 <u>그의 형</u>
> <u>(또는 형제)</u> 여호아하스를 대신하여 왕으로 삼고 그
> 의 이름을 고쳐 여호야김이라 하고…

모든 성경 열왕기하 25장 4절

성벽이 파괴되매 모든 군사가 밤중에 두 성벽 사이 왕의 동산 곁문 길로 도망쳐 바벨론 군사들이 그 성읍을 에워쌌으므로 그가 아라바 길로 가더니

- 성벽이 뚫려 모든 병사가 왕의 곁문 길로 도망쳤는데 바벨론 병사들이 그 성을 에워쌌으므로 왕이 아라바 길로 가다니 무슨 말인지 이해할 수 없는 문장이다.

- 주어가 '모든 군사'인데 문장 뒷부분에서 '그가(왕이)' 아라바 길로 갔다로 기록하여 호응을 이루지 못한다. '그들이'라고 해야 한다.

- 아무리 야음이라고 해도 바벨론 군대가 성을 포위하고 있는데 왕과 모든 병사가 탈출했다는 것은 납득하기 어렵다.

- 호위병과 왕만 함께 도망쳤는지, 아니면 병사들이 다 도망쳤는지 버전마다 다르다.

정리 공동번역성서를 취해 다음과 같이 정리한다.

드디어 성벽이 뚫렸다. 유다 왕이 이를 알고 바벨론 군대가 포위하고 있는데도 불구하고 그의 모든 호위병과 함께 야밤을 틈타 여리고로 내려가는 아라바 길로 도망쳤다.

개역개정성경 역대상 1장 13절

가나안은 맏아들 시돈과 헷을 낳고

창세기 10장 15절과 마찬가지로 가나안이 맏아들 둘을 낳았다는 내용이어서 오류다.

> **정리** 가나안이 맏아들 시돈을 낳고 그 뒤를 이어 헷 과…

개역개정성경 역대상 2장 6~7절

6 세라의 아들은 시므리와 에단과 헤만과 갈골과 다라니 모두 다섯 사람이요 7 갈미의 아들은 아갈이니 그는 진멸시킬 물건을 범하여 이스라엘을 괴롭힌 자이며

- 여호수아 7장 1절에도 같은 내용이 나오는데, 여호수아에 나오는 아간의 조상은 다음과 같다.

  유다 → 세라 → 삽디 → 갈미 → 아간

- 그런데 역대상 2장 6절에 나오는 세라의 다섯 아들은 시므리, 에단, 헤만, 갈골, 다라로 여호수아 7장 1절에 나오는 삽디가 없다.

  유다 → 세라 → (?) → 갈미 → 아갈

- 여호수아가 BC 1200년 이전, 역대상이 BC 450년경에 쓰인 점을 고려하고 특별한 일이 없는 한 장자가 족보에 올랐을 것이므로 세라의 장자 이름을 '시므리'에서

'삽디'로 수정하고, '아갈'도 '아간'으로 수정하는 것이 바
람직하다.

> **정리** 6 세라의 아들은 맏아들 삽디와 에단과 헤만과 살
> 골과 다라니 이렇게 다섯 사람이고 7 이 가운데 삽
> 디의 손자요 갈미의 아들인 아간이 온전히 바쳐야
> 할 물건을 숨겨 이스라엘 백성을 괴롭혔다.

하나님이 이렇게 말씀하셨을까?

개역개정성경/킹제임스성경 역대상 2장 18절

헤스론의 아들 갈렙이 그의 아내 아수바와 여리옷에게서 아들을 낳았으니 그가 낳은 아들들은 예셀과 소밥과 아르돈이며

- 여기에서 나오는 갈렙은 여분네의 아들 갈렙과[민수기 13장 6절] 동명이인이며, 일명 글루배[역대상 2장 9절]라고도 했다.
- 히브리어 사본의 뜻이 분명하지 않아 버전마다 다르게 번역했다.
- 현대어성경과 조선어성경은 갈렙과 아수바가 결혼해 아수바를 낳고, 아수바가 세 아들을 낳은 것으로 번역했다.
- 공동번역성서는 여리옷이 세 아들을 낳은 것으로 썼다.
- 개역개정성경, 킹제임스성경, 히브리어직역성경, 1937년에 발행된 성경은 애매하게 아수바와 여리옷이 세 아들을 낳은 것으로 썼다.
- 표준새번역성경, 영한대조성경은 이렇게 썼다.

"헤스론의 아들 갈렙은 그의 아내 아수바와 여리옷에게서 세 아들을 낳았다. 아수바가 낳은 아들은 예셀과 소밥과 아르돈이다."(Hezron's son Caleb married Azubah and had a daughter named Jerioth. She had three sons: Jesher, Shobab, and Ardon.[Good News Translation, 대조하지 않고 영문만 옮겨 썼다.]

정리 GNT의 번역이 간결하고 누구나 다 한번에 이해할 수 있어 이를 취한다.

헤스론의 아들 갈렙이 아수바와 결혼해 여리옷이라는 딸을 낳았고, 이 딸이 예셀, 소밥, 아르돈 이렇게 세 아들을 낳았다.

하나님이 이렇게 말씀하셨을까?

개역개정성경 / 히브리어직역성경 역대상 3장 15~16절

15 요시야의 아들들은 맏아들 요하난과 둘째 여호야김과 셋째 시드기야와 넷째 살룸이요 16 여호야김의 아들들은 그의 아들 여고냐, 그의 아들 시드기야요

- 16절의 표현이 애매하다. 여호야김의 아들들이 여고냐와 시드기야인가? 여호야김의 아들이 여고냐, 여고냐의 아들이 시드기야인가?

- 공동번역성서는 "여호야김의 아들은 여고냐요 그의 아들은 시드기야다."로 번역해 오역이다.

- 여호야긴 왕(19대)의 삼촌 이름도 시드기야(20대)이고, 그의 아들 이름도 시드기야다.

> **정리** 15 유다의 요시야 왕(16대)의 아들은 맏아들 요하난, 둘째 여호야김(18대), 셋째 시드기야(20대), 넷째 살룸(여호아하스, 17대)이고 16 여호야김이 여호야긴(여고냐, 19대)과 시드기야를 낳았다.

개역개정성경 역대상 3장 17~21절

17 사로잡혀 간 여고냐의 아들들은 스알디엘과
18 말기람과 브다야와 세낫살과 여가먀와 호사마
와 느바댜요 19 브다야의 아들들은 스룹바벨과
시므이요 스룹바벨의 아들은 므술람과 하나냐와
그의 매제 슬로밋과 20 또 하수바와 오헬과 베레
갸와 하사댜와 유삽헤셋 다섯 사람이요 21 하나
냐의 아들은 블라댜와 여사야요…

- 20절의 "다섯 사람이요"는 정말 어이없는 오류다. 스룹
  바벨의 자녀는 아들만 7명, 딸도 1명이기 때문이다.
- 19절의 매제라는 단어도 바람직하지 않다. 여동생(their
  sister)이 분명하고 확실한 표현이다.
- 역대상의 족보와 마태복음의 족보가 다르다.

역대상 : 여고냐 → 브다야 → 스룹바벨 → 나냐 → 블라댜
마태복음 : 여고냐 → 스알디엘 → 스룹바벨 → 아비훗
　　　　　　 → 엘리아김[마태복음 1장 12~13절]

- 19절에서 브다야의 아들을 스룹바벨로 기록하고 있는데, 다른 곳에서는 스알디엘의 아들로 기록하고 있다 [에스라 3장 8절, 느헤미야 12장 1절, 학개 1장 12절]. 역대상의 오기로 보아야 한다.

- 역대상의 족보 : 여고냐
  - 스알디엘
  - 말기람
  - 브다야 ─ 스룹바벨 / 시므이
  - 세낫살
  - 여가먀
  - 호사마
  - 느바댜

  스룹바벨
  - 므술람
  - 하나냐 ─ 블라댜와 여사야
  - 하수바
  - 오헬
  - 베레갸
  - 하사댜
  - 유삽헤셋
  - 슬로밋(딸)

- 마태복음의 족보 : 여고냐 → 스알디엘 → 스룹바벨 → 아비훗 → 엘리아김

정리 독자들이 이런 것까지 세밀하게 보지 않는다고 해서 방치할 것이 아니라 족보도 세밀하게 검토해서 일치시킬 것은 일치시켜야 한다. 다음과 같이 정리한다.

17 사로잡혀 간 여고냐의 아들들은 스알디엘, 18 말기람, 브다야, 세낫살, 여가먀, 호사마, 느바댜이다. 19 이 가운데 브다야가 스룹바벨과 시므이를 낳고 스룹바벨이 므술람과 하나냐와 20 하수바와 오헬과 베레갸와 하사댜와 유삽헤셋과 딸 슬로밋, 이렇게 7남 1녀를 낳았다.

개역개정성경 역대상 3장 22절

스가냐의 아들은 스마야요 스마야의 아들들은 핫
두스와 이갈과 바리야와 느아랴와 사밧 여섯 사
람이요

- 이 문장을 분석하면 스가냐의 아들은 스마야 한 사람으
로 일단 끝났다. 그리고 스마야의 아들을 세어보면 다
섯 사람인데 여섯 사람이라고 했으니 완전히 틀린 문
장이다.

- 공동번역성서 : 스가냐는 스마야, 핫두스, 이갈, 바리
야, 느아랴, 사밧 이렇게 여섯 아들을 두었다.

- 표준번역성경 : 스가냐의 아들은 스마야다. 스마야의
아들은 핫두스와 이갈과 바리야와 느아랴와 사밧까지
다섯이다.

- 히브리어직역성경 : 스가냐의 자손은 스마야다. 스마
야의 아들들은 핫두스와 이갈과 바리야와 느아랴와 사
밧까지 여섯 명이다. → 스가냐의 자손은 아들 스마야

하나님이 이렇게 말씀하셨을까?

와 스마야의 다섯 아들 핫두스, 이갈, 바리야, 느아랴, 사밧 이렇게 여섯 명이다.

- NLT : The descendants of Shecaniah were Shemaiah and his sons, Hattush, Igal, Bariah, Neariah, and Shaphat—six in all.

정리 NLT 번역을 취해 다음과 같이 정리한다.

스가냐의 자손은 아들 스마야와 그가 낳은 다섯 아들 핫두스, 이갈, 바리야, 느아랴, 사밧 이렇게 모두 여섯 사람이다.

개역개정성경 역대상 4장 3절

에담 조상의 자손들은 이스르엘과 이스마와 잇바스와 그들의 매제 하슬렐보니와

- 이 내용도 히브리어 사본의 뜻이 명확하지 않아 버전마다 다르게 번역했다.

- '에담 조상의 자손들'이라는 말은 '에담의 조상의 자손들'로 이해할 수 있어 바람직한 표현이 아니다.

- 영한대조 개역개정성경의 영문(NIV) : These were the sons of Etham; Jezreel, Ishma and Idbash. Their sister was named Hazzeleelponi. 대조하지 않았다는 증거다.

- 매제(妹弟)라는 단어도 큰사전에는 '누이동생'이라는 뜻이 있으나 관용적으로는 '누이동생의 남편'이라는 뜻으로 쓰고 있어 혼란을 초래한다. 'their sister'처럼 '그들의 여동생'으로 쓰는 것이 바람직하다.

- 역대하 11장 6절에는 에담이라는 지명도 나온다.

정리 에담의 자녀는 아들 이스르엘과 이스마와 잇바스와 그들의 누이 하술렐보니다.

개역개정성경 역대상 4장 19절

나함의 누이인 호디야의 아내의 아들들은 가미 사람 그일라의 아버지와 마아가 사람 에스드모며

- 히브리어 사본의 뜻이 분명하지 않다. 이 글의 내용은 "나함의 누이는 호디야이고 호디야[女]의 아내[女]의 아들들은"으로도 이해할 수 있어 혼란을 초래한다.

- GNB : Hodiah married the sister of Naham. His descendents founded the clan of Garm, which lived in the town of Keilah, and the clan of Maacath, which lived in the town of Eshtemoa.(호디야는 나함의 누이와 결혼했다. 그의 후손은 그일라에 사는 가미족과 에스드모에 사는 마가족이다.)

> **정리** GNB성경을 취해 다음과 같이 정리한다.
> 호디야는 나함의 누이와 결혼했다. 그의 후손은 그일라에 사는 가미족과 에스드모에 사는 마가족이다.

개역개정성경 역대상 7장 32~35절

32 헤벨은 야블렛과 소멜과 호담과 그들의 매제 수아를 낳았으며 33 야블렛의 아들들은 바삭과 빔할과 아스왓이니 야블렛의 아들은 이러하며 34 소멜의 아들들은 아히와 로가와 호바와 아람이요 35 그의 아우 헬렘의 아들들은 소바와 임나와 셀레스와 아말이요

- 35절의 인칭대명사 '그의'에서 그가 누구인지 애매하다. 헤벨인가, 아람인가? 아니면 소멜인가?
- 공동번역성서와 히브리어직역성경은 소멜로 보는데, 그럴 경우 호담과 헬렘이 동일인이 되어야 하는데 수긍하기 어렵다
- 35절의 '헬렘'이라는 이름을 '호담'으로 대체하는 것이 가장 바람직하다.

정리 35 소멜의 아우 호담의 아들들은 소바와 임나와 셀레스와 아말이다.

개역개정성경 역대상 9장 1~2절

1 온 이스라엘이 그 계보대로 계수되어 그들은 이스라엘 왕조실록에 기록되니라 유다가 범죄함으로 말미암아 바벨론으로 사로잡혀 갔더니 2 그들의 땅 안에 있는 성읍에 처음으로 거주한 이스라엘 사람들은…

- 1절에서 '그들은'은 필요 없는 말이다.
- 2절의 "그들의 땅 안에 있는"은 문맥상으로 보면 "바벨론의 땅 안에 있는"이라는 말로 이해할 수 있어 혼란을 초래한다.

> **정리** 1 이렇게 온 이스라엘이 여호와를 배신한 죄로 바벨론으로 사로잡혀 갈 당시에 그들의 명단을 기록으로 남겼다. 2 처음에 포로에서 자기들의 성읍 소유지로 돌아와 살기 시작한 사람들은…

개역개정성경 역대상 9장 3절

유다 자손과 베냐민 자손과 에브라임과 므낫세
자손 중에서 예루살렘에 거주한 자는

역대상 9장의 포로에서 돌아온 사람들의 족보와 느헤미
야 11장에 나오는 족보가 많이 다르다. 그 가운데 몇 개
만 대조한다.

- 포로에서 돌아와 예루살렘에 거주한 사람
  1) 역대상 9장 3절 : 유다 자손, 베냐민 자손, 에브라임
     자손, 므낫세 자손이라고 했으나 거주한 사람의 명단에
     는 에브라임과 므낫세 자손의 이름이 없다.
  2) 느헤미야 11장 4절 : 유다 자손과 베냐민 자손만 거주
     한 것으로 기록하고 있다.
- 예루살렘에 거주한 사람의 이름
  1) 역대상 9장 4~6절 : 유다 자손은 우대, 아사야, 여우엘
     역대상 9장 7~9절 : 베냐민 자손은 살루, 이브느야, 엘

라, 무술람

  2) 느헤미야 11장 4~5절 : 유다 자손은 아다야와 마아세야

     느헤미야 11장 7~9절 : 베냐민 자손은 살루, 요엘,

     유다

- 포로에서 돌아온 문지기 이름

  1) 역대상 9장 17절 : 살룸, 악굽, 달몬, 아히만

  2) 느헤미야 11장 19절 : 악굽, 달몬

- 포로에서 돌아온 제사장의 이름

  1) 역대상 9장 10~12절 : 여다야, 여호야립, 야긴, 아사

    랴, 아다야, 마아새

  2) 느헤미야 11장 10~11절 : 여다야, 야긴, 스라야

> **정리** 어느 것이 원본과 같은지 판단할 수 없다. 역대
> 상은 BC 450년경 에스라가 썼고, 느헤미야서는
> BC 421~400년 느헤미야가 쓴 것으로 본다.

개역개정성경 역대상 11장 10절

다윗에게 있는 용사의 우두머리는 이러하니라 이 사람들이 온 이스라엘과 더불어 다윗을 힘껏 도와 나라를 얻게 하고 그를 세워 왕으로 삼았으니 이는 여호와께서 이스라엘에 대하여 이르신 말씀대로 함이었더라

- 역대상 11장 10절에서 47절에 나오는 다윗을 도운 용사들의 이름과 사무엘하 23장 8절에서 39절에 나오는 다윗의 용사 서른 명의 이름을 대비해 같은 이름은 (○)으로 표시했다. [ ] 안은 사무엘하의 인명과 지명이다.

엘르아살(○) : 도도의 아들[도대의 아들]

아비새(○) : 요압의 아우

브나야(○) : 여호야다의 아들

아사헬(○) : 요압의 아우

엘하난(○) : 베들레헴 사람 도도의 아들

삼홋(○) : 하롤[하롯] 사람

헬레스(○) : 블론[발디] 사람

이라(○) : 드고아 사람 익게스의 아들

아비에셀(○) : 아나돗 사람

마하래(○) : 느도바 사람

헬렛[헬렙](○) : 느도바 사람 바아나의 아들

이대[잇대](○) : 베냐민 후손인 기브아 사람 리배의 아들

브나야(○) : 비라돈 사람

아비엘[아비알본](○) : 아르바 사람

아스마왯(○) : 바하룸[바르훔] 사람

엘리아바(○) : 사알본 사람

요나단(○) : 사게[야센]의 아들

아히암(○) : 하랄[아랄] 사람 사갈[사랄]의 아들

헤스로[헤스래](○) : 갈멜 사람

셀렉(○) : 암몬 사람

나하래(○) : 스루야의 아들로 요압의 무기를 잡은 베롯[브에롯] 사람

이라(○) : 이델 사람

가렙(○) : 이델 사람

하나님이 이렇게 말씀하셨을까?

우리아(○) : 헷 사람

- 사무엘하와 역대상에 같이 등장하는 용사의 이름은 24명이다.
- 사무엘하에 기록된 36명의 용사 이름 가운데 역대상에는 이름이 없고 사무엘하에만 이름이 나오는 12명의 용사는 다음과 같다.

01. 요셉밧세벳

02. 삼마(23장 11절 : 하랄 사람 아게의 아들)

03. 엘리가

04. 므분내

05. 살몬

06. 힛대

07. 삼마(23장 33절 : 하랄 사람 삼마)

08. 엘리벨렛

09. 엘리암

10. 바아래

11. 이갈

12. 바니 : 갓 사람

• 사무엘하 23장 39절에는 다윗의 용사 총수가 37명이라
고 했으나, 23장 8절부터 마지막 절인 39절까지 나오는
용사의 수는 모두 36명이다.

• 역대상 11장 10절에서 47절까지 모두 50명의 용사 이름
이 나오는데, 사무엘하와 중복되지 않는 용사 26명의
이름은 다음과 같다.

01. 야소브암	02. 십브개
03. 일래	04. 후래
05. 엘리발	06. 헤벨
07. 아히야	08. 요엘
09. 밉할	10. 나하래
11. 사밧	12. 아디나
13. 하난	14. 요사밧
15. 웃시야	16. 사마
17. 여히엘	18. 여디아엘
19. 요하	20. 엘리엘 (1)

21. 여리배   22. 요사위야

23. 이드마   24. 엘리엘 (2)

25. 오벳   26. 야아시엘

정리 사무엘서는 BC 930년 이후, 역대기는 BC 45년
경에 에스라가 쓴 것으로 본다. 어느 기록이 원본
과 같은지는 알 수 없다.

개역개정성경 역대상 12장 18절

그 때에 성령이 삼십 명의 우두머리 아마새를 감
싸시니 이르되 다윗이여 우리가 당신에게 속하겠
고 이새의 아들이여 우리가 당신과 함께 있으리
니 원하건대 평안하소서…

이 구절에는 '아마새'라는 사람이 등장하는데, 역대상과
사무엘하 다윗의 용사 명단에는 없는 사람이다. 주석가
들은 '아마사' 또는 '아비새'의 오기로 본다.

정리 사본의 오류다.

하나님이 이렇게 말씀하셨을까?

개역개정성경 역대상 18장 4절

다윗이 그에게서 병거 1,000대와 기병 7,000명과 보병 20,000명을 빼앗고 다윗이 그 병거 백 대의 말들만 남기고 그 외의 병거의 말은 다 발의 힘줄을 끊었더니

이와 같은 내용이 사무엘하 8장 4절에는 "다윗이 그에게서 마병 1,700명과 보병 20,000명을 사로잡고"로 기록되어 있다.

정리 어느 기록의 내용이 원본과 같은지는 알 수 없으나 분명한 것은 오류다.

개역개정성경 역대상 19장 18절

… 다윗이 아람 병거 7,000대의 군사와 보병 4만 명을 죽이고 …

같은 내용이 사무엘하 10장 18절에는 "다윗이 아람 병거 700대와 마병 40,000명을 죽이고…"로 기록되어 있다.

정리 어느 기록이 원본과 같은 내용인지는 알 수 없다.

하나님이 이렇게 말씀하셨을까?

개역개정성경 역대상 20장 5절

다시 블레셋 사람들과 전쟁할 때에 야일의 아들 엘하난이 가드 사람 골리앗의 아우 라흐미를 죽였는데 이 사람의 창자루는 베틀채 같았더라

- 같은 내용이 사무엘하 21장 19절에는 "… 야레오르김의 아들 엘하난은 가드 사람 골리앗의 아우 라흐미를 죽였는데…"로 기록되어 있다.
- '야일'과 '야레오르김'이 동일 인물?

정리 어느 기록이 원본과 같은 내용인지는 알 수 없다.

개역개정성경 역대상 21장 5절

요압이 백성의 수효를 다윗에게 보고하니 이스라엘 중에서 칼을 뺄 만한 자가 110만 명이요 유다 중에 칼을 뺄 만한 자가 47만 명이라

- 같은 내용이 사무엘하 24장 9절에는 이스라엘에서는 80만 명, 유다에서는 50만 명으로 기록되어 있다.

- 사무엘서 기록 연대 : BC 930년 이후

  역대기 기록 연대 : BC 450년경

정리 어느 기록이 원본과 같은 내용인지는 알 수 없다.

하나님이 이렇게 말씀하셨을까?

개역개정성경 역대상 23장 7절

게르손 자손은 라단과 시므이라

- 역대상 6장 17절에는 "게르손의 아들들의 이름은 이러하니 립니와 시므이요"로 기록되어 있다.
- '립니'와 '라단'이 동일 인물?

정리 출이집트기 6장 17절, 민수기 3장 18절에도 게르손의 아들 이름은 립니와 시므이다. 따라서 역대상의 기록을 오류로 보아야 한다.

개역개정성경 역대하 5장 10절

궤 안에는 두 돌판 외에는 아무것도 없으니 이것
은 이스라엘 자손이 애굽에서 나온 후 여호와께
서 그들과 언약을 세우실 때에 모세가 호렙에서
그 안에 넣은 것이더라

- 열왕기상 8장 9절도 언약궤 안에는 두 돌판 외에는 아
  무것도 없다고 기록하고 있다.
- 출이집트기 16장 34절을 보면 만나를 담은 항아리를
  증거판 앞에 두었다. 증거판은 증거궤(언약궤) 안에 보
  관했기 때문에 만나 항아리는 증거궤 안이 아니라 증
  거궤 앞에 두었다고 보아야 한다.
- 민수기 17장 10절을 보면 아론의 싹난 지팡이는 언약
  궤 앞에 두었다.
- 히브리서 9장 4절에는 언약궤 안에 만나를 담은 금 항
  아리와 아론의 싹난 지팡이와 언약의 돌판들이 있다

하나님이 이렇게 말씀하셨을까?

고 되어 있다.

- 두 돌판 = 증거판

  궤 = 언약궤 = 증거궤

- 열왕기상 8장 9절 내용 참조

정리 결국 언약궤 안에는 십계명이 새겨진 두 돌판만 있었다고 보아야 한다. 히브리서의 기록은 역사적 사실의 기록이라기보다는 언약궤와 아론의 싹난 지팡이와 만나 항아리가 예수 그리스도를 예언한 것이라는 구속사적 시각에서 쓴 것으로 본다.

개역개정성경 역대하 8장 18절

후람이 그의 신복들에게 부탁하여 배와 바닷길을 아는 종들을 보내매 그들이 솔로몬의 종들과 함께 오빌에 이르러 거기서 금 450달란트를 얻어 솔로몬 왕에게로 가져왔더라

- 열왕기상 9장 29절 : 그들이 오빌에 이르러 거기서 금 사백이십 달란트를 얻고 솔로몬 왕에게로 가져왔더라
- 같은 내용인데 각각 450달란트(약 15.3톤), 420달란트(약 14.5톤)로 수치가 다르다.

정리 둘 중 하나가 오류다.

하나님이 이렇게 말씀하셨을까?

개역개정성경 역대하 17장 6절

4대 여호사밧이 전심으로 여호와의 길을 걸어 산
당들과 아세라 목상들도 유다에서 제거하였더라

- 같은 내용을 역대하 20장 33절에는 "산당만은 철거하지
  아니하였으므로"로 기록했다.
- 필자가 소유하고 있는 한글 성경 10권과 영어 성경 5권
  모두가 역대하 17장 6절은 "산당을 제거했다", 역대하
  20장 33절은 "산당을 제거하지 않았다"로 썼다.
- 열왕기와 역대기 기록을 보면 산당을 완전히 제거한 왕
  은 16대 요시아 왕(BC 605년)이다.
- 4대 여호사밧 왕(BC 874년 즉위)이 전심으로 여호와의 길
  을 걸었다는 표현으로 미루어 산당을 제거하되 다 제거
  하지는 못한 것으로 추정한다.

> **정리** 오류가 없어야 할 하나님의 말씀을 심사숙고 검
> 토하지 않은 것이 개탄스럽다.

개역개정성경 역대하 20장 8~9절

8 그들이 이 땅에 살면서 주의 이름을 위해 한 성소를 주를 위해 건축하고 이르기를 9 만일 재앙이나 난리나 견책이나 전염병이나 기근이 우리에게 임하면 주의 이름이 이 성전에 있으니 우리가 이 성전 앞과 주 앞에 서서…

- 성경에서 성소는 넓은 의미로는 하나님을 위해 구별된 모든 거룩한 장소를 뜻하고, 좁은 의미로는 성막(천막으로 세운 성전)에서 떡상, 촛대, 향단 등이 있는 지성소 앞에 있는 방을 이르는 말이다. 또한 성전은 건축물을 이르는 말이다.
- 성경마다 8절과 9절을 각각 '성소, 이 성전', '성소, 이 전(殿)', '성소, 이 집' 등으로 표기하고 있어 독자들을 혼란스럽게 한다.

> **정리** 8절의 성소와 9절의 성전은 같은 건물을 말한다. 따라서 성소나 성전 가운데 하나로 통일하는 것이 바람직하다.

하나님이 이렇게 말씀하셨을까?

개역개정성경 역대하 21장 8~9절

8 여호람 때에 에돔이 배반하여 유다의 지배하에서 벗어나 자기 위에 왕을 세우므로 9 여호람이 지휘관들과 모든 병거를 거느리고 출정하였더니 밤에 일어나서 자기를 에워싼 에돔 사람과 그 병거의 지휘관들을 쳤더라

- '자기'라는 인칭대명사가 '에돔'이라는 나라 이름과 호응을 이루지 못한다. 차라리 '그들'이 낫다.
- '출정하였더니'도 '출정해'로 고쳐야 한다.
- NIV : 8 In the time of Jehoram, Edom rebelled against Judah and set up its own king. 9 So Jehoram went there with his officers and all his chariots. The Edomites surrounded him and his chariot commanders, but he rose up and broke through by night.

8 여호람 시대에 에돔이 유다에 반기를 들고 그
들의 왕을 세웠다. 9 그러자 여호람이 병거와 지
휘관들을 거느리고 출동했다. 에돔의 병사들이
그들을 포위했으나 여호람이 야음을 틈타 포위망
을 뚫고 나왔다.

하나님이 이렇게 말씀하셨을까?

개역개정성경 역대하 22장 2절

아하시야가 왕이 될 때에 나이가 42세라 예루살렘에서 1년 동안 다스리니라…

- 역대하 21장 20절을 보면 아하시야(6대 왕)의 아버지 여호람(5대 왕)이 32세에 즉위하고 예루살렘에서 8년 동안 다스리다가 40세에 사망한 것으로 되어 있다.
- 열왕기하 8장 26절에는 아하시야가 왕이 될 때의 나이가 22세였다고 기록되어 있다.
- 70인역과 시리아어역은 22세로 수정했다.
- 히브리어 사본이 42세라고 했는데, 이는 사본 필사자의 분명한 오류다.
- 아버지가 40세에 죽었는데 아들이 42세에 왕위에 올랐다? 통탄, 개탄할 일이다.

정리 "아하시야가 왕이 될 때에 나이가 22세라"

개역개정성경 역대하 25장 13절

아마샤가 자기와 함께 전장에 나가지 못하게 하고 돌려보낸 군사들이 사마리아에서부터 벧호른까지 유다 성읍들을 약탈하고 사람 3,000명을 죽이고 물건을 많이 노략하였더라

- 사마리아는 이스라엘의 6대 왕 오므리가 수도로 정한 이래[열왕기상 16장 24절] 아람의 공격을 두 번 받은 적이 있으나[열왕기상 20장], 하나님의 도우심으로 위기를 넘긴 이후 앗수르에 멸망할 때까지 난공불락의 성이었다. 그런데 역대하 25장 13절에는 사마리아가 마치 유다의 성인 것처럼 묘사했다.

- 이스라엘 용병들이 예루살렘 북쪽에 있는 자기들 나라로 돌아가면서 약탈했다면 예루살렘에서 가까운 벧호른부터 사마리아에 이르기까지 약탈했다고 말하는 것이 우리의 언어 정서다.

- 어떤 주석은 용병들이 사마리아로 돌아갔다가 생각해

보니 괘씸해서 사마리아에서부터 이스라엘과 국경이 접해 있는 벧호른까지 노략했다고 하는데, 이는 옹색한 설명이다.

사마리아

약 116km

벧호른

약 15km   예루살렘

정리 한편 불만을 품고 사마리아로 돌아가던 이스라엘 용병들은 벧호른에서부터 사마리아로 돌아가는 동안 유다의 여러 마을을 노략하며 3,000명이나 죽였다.

개역개정성경 역대하 34장 9절

그들이 대제사장 힐기야에게 나아가 전에 하나님
의 전에 헌금한 돈을 그에게 주니 이 돈은 문을
지키는 레위 사람들이 므낫세와 에브라임과 남아
있는 모든 이스라엘 사람과 온 유다와 베냐민과
예루살렘 주민들에게서 거둔 것이라

- 헌금은 '바치는 돈' 또는 '바친 돈'이라는 말이다. 따라
서 '헌금한 돈'이라는 말은 역전(驛前)앞, 젊은 청년(靑
年), 늙은 노인(老人)처럼 이중 표현이다.
- 1937년 발행 구약전서에는 "하나님의 성전에 연보한
돈"이라고 썼다.
- 굳이 헌금이라는 단어를 쓰려고 하면 '성전보수헌금'이
라고 써야 한다.

> **정리** 그들이 대제사장 힐기야에게 성전보수헌금을 전
> 했다. 이 헌금은 성전 문을 지키는 레위 사람들이
> 므낫세와 에브라임을 비롯한 북왕국 이스라엘의
> 여러 지파들과 유다와 베냐민 모든 백성과 예루
> 살렘 주민들에게서 모은 것이었다.

하나님이 이렇게 말씀하셨을까?

개역개정성경 역대하 36장 9절

여호야긴이 왕위에 오를 때에 나이가 8세라 예루
살렘에서 3개월 10일 동안 다스리며 여호와 보시
기에 악을 행하였더라

- 열왕기하 24장 8절에는 여호야긴이 18세에 왕위에 오른
  것으로 기록되어 있고, 대다수의 주석가들은 이 기록에
  신빙성을 둔다.
- 대부분의 히브리어 사본이 8세라고 썼으나, 한 가지 히
  브리어 사본과 대부분의 그리스어 사본 및 시리아어 사
  본은 18세로 썼다.

정리 사본은 어떤 사본이든 오류가 있을 수밖에 없다.
"여호야긴이 왕위에 오를 때 나이가 18세라"로
정정해야 한다.

개역개정성경 에스라 2장 64절

온 회중의 합계가 42,360명이요

- 바벨론에서 돌아온 사람의 수가 42,360명이라고 했으나 2장에 기록된 돌아온 사람의 수를 계수해보면 29,818명 이고, 남녀 종 7,337명과 노래하는 남녀 200명[2장 65절]을 모두 합해도 37,355명에 불과하다.

- 같은 내용이 나오는 느헤미야 7장 66절을 보면 돌아 온 사람의 수가 42,360명으로 에스라서와 같으나 돌 아온 사람의 수를 계수해보면 35,410명이다. 여기에 남녀 종 7,337명과 노래하는 남녀 245명[7장 67절]을 합하면 42,992명이다.

※ 포로에서 돌아온 사람들의 조상 이름과 돌아온 사람의 수 대비(에스라서와 느헤미야서)

1) 에스라서와 느헤미야서에서 돌아온 조상의 이름과 사람의 숫자가 같은 경우([ ]안은 에스라와 느헤미야의 장과 절)

바로스 2172명[2:3/7:8]

스바댜 372명[2:4/7:9]

엘람 1,254명[2:7/7:12]

삭개 760명[2:9/7:14]

하림 320명[22:32/7:35]

아델 98명[2:16/7:21]

아나돗 128명[2:3/7:27]

아스마윗 42명[2:24/7:28] (느헤미야서에서는 벧아스마윗)

기랴다림, 그비라, 브에롯 743명[2:25/7:29]

라마, 게바 621명[2:26/7:30]

믹마스 122명[2:27/7:31]

느보 52명[2:29/7:33]

다른 엘람 1,254명[2:31/7:34]

여리고 345명[2:34/7:36]

제사장 여디야 973명[2:36/7:39]

제사장 임멜 1,052명[2:37/7:40]

제사장 바스훌 1,247명[22:38/7:41]

제사장 하림 1,017명[22:39/7:42]

레위인 예수아와 갓미엘 74명[2:40/7:43]

느디님 사람과 솔로몬의 신하 392명[2:58/7:60]

2) 조상의 이름은 같으나 돌아온 사람의 숫자가 다른

경우([ ] 안은 에스라와 느헤미야의 장과 절)

아라 775명/652명[2:5/7:10]

바핫모압 2,812명/2,818명[2:6/7:11]

삿두 945명/845명[2:8/7:13]

브배 623명/628명[2:11/7:16]

아스갓 1,222명/2,322명[2:12/7:17]

아도니감 666명/667명[2:13/7:18]

비그왜 2,056명/2,067명[2:14/7:19]

아딘 454명/655명[2:15/7:20]

베새 323명/324명[2:17/7:23]

하숨 223명/328명[2:19/7:22]

하나님이 이렇게 말씀하셨을까?

베들레헴과 느도바 179명/188명[2:21~22/7:26]

벧엘과 아이 223명/123명[2:28/7:32]

로드, 하딧, 오노 725명/721명[2:33/7:37]

스나아 3,630명/3,930명[2:35/7:38]

노래하는 아삽 128명/148명[2:41/7:44]

문지기 자손들 139명/138명[2:42/7:45]

들라야, 도비야, 느고다 652명/642명[2:60/7:62]

3) 에스라서에만 등재된 이름

바니 642명[2:10]

요라 112명[2:18]

깁발 95명[2:20]

막비스 156명[2:30]

4) 느헤미야서에만 등재된 이름

하립 112명[7:24]

기브온 95명[7:25]

정리 흠을 들추어내기 위해 오류를 밝히는 것이 아니다. 모든 성경은 하나님의 영(계시, 감동)으로 쓴 책이므로 아직 세상에 드러나지 않은 원본에는 이런 오류가 없을 것이라는 확신이다. 그러나 사본은 아무리 필사 제도가 완벽하다고 해도 오류가 있을 수밖에 없다. 필사 제도가 완벽해 오류가 있을 수 없다는 주장은 하나님의 말씀에 어긋나는 것이다.[시편 119편 96절 : 모든 것에는 한계가 있다. 주님의 계명만이 완전하다.]

사본을 번역한 것을 하나님의 말씀으로 믿더라도 기독교의 정체성에는 조그만 흠도 없기 때문에 감사해야 한다. 그리고 사본을 번역한 것이기에 기독교의 정체성과는 상관없는 지엽적인 것에는 오류가 있다는 것을 인정해야 솔직한 태도다.

하나님이 이렇게 말씀하셨을까?

개역개정성경 / 킹제임스성경 / 히브리어직역성경 / 욥기 21장 1~2절

1 욥이 대답하여 이르되 2 너희는 내 말을 자세히 들으라 이것이 너희의 위로가 될 것이니라

- 이 문장은 "너희가(욥의 친구들) 내(욥) 말을 듣는 것이 너희의 위로가 될 것이다."라는 말이 되어 원뜻과 반대가 된다. 이 문장을 "너희가 내 말을 듣는 것이 너희가 나를 위로하는 것이다."로 해석할 사람이 과연 얼마나 있을까?

- 표준새번역성경은 다음과 같이 썼다.

  욥이 대답했다. "너희는 내 말을 건성으로 듣지 마라. 너희가 나를 위로할 생각이면 내가 하는 말에 귀를 기울여라."(대조 영어성경 GNT : "Listen to what I am saying; that is all the comfort I ask from you.")

- 현대어성경 : 내가 하는 말을 잘 들어주게나. 내 말을 들어준다면 참말로 내가 위로를 받겠네.

- 공동번역성서 : 내 호소를 좀 들어다오. 들어주는 것
  만이 (내게) 위로가 되겠네.
- NIV : Then Job replied "Listen carefully to my words; let this be the consolation you give me."
- NLT : "Listen closely to what I am saying. That's one consolation you can give me."
- 이것은 재난을 당한 욥을 위로하기 위해 찾아온 친구들이 위로는커녕 비난만 하자 욥이 친구들에게 한 말이다. 따라서 개역개정성경은 완벽한 오역이다.
- '돈'과 관련된 단어는 개정한다고 하면서 개악하고 [연보→헌금 / 예물→헌금] 정작 중요한 내용을 수박 겉핥기 식으로 간과한 것이 개탄스럽다.

> **정리** 욥이 대답했다. "너희는 내 말을 자세히 들어라. 이렇게 하는 것이 너희가 나를 위로하는 것이 될 것이다."

하나님이 이렇게 말씀하셨을까?

개역개정성경 시편 141편 7절

사람이 밭 갈아 흙을 부스러뜨림 같이 우리의 해골이 스올 입구에 흩어졌도다

개역개정성경, 공동번역성서, 킹제임스성경, NIV는 '우리의 해골이'로 번역했으나 표준새번역성경, GNB, NLT는 '그들의 해골이'로 번역했다.

정리 '우리의 해골'이 원뜻인지, 아니면 '그들의 해골'이 원뜻인지 편집자가 알 수는 없다. 하지만 6절과 연관 지어 이해하면 '그들의 해골'이 맞다.

개역개정성경 시편 149편 7절

이것으로 뭇 나라에 보수하며 민족들을 벌하며

사전에는 한자를 빌려 쓴 우리말 '보수'라는 단어의 뜻이 7개나 있다. 그 가운데 '報讐'라는 말이 '앙갚음'이라는 뜻이기는 하나 일상생활 용어로 사용하지 않는 단어다. 사용 빈도수가 많은 단어는 保守, 補修, 報酬 정도이므로 다른 버전에서는 모두 '복수' 또는 '원수를 갚다'로 썼다. 개역개정성경만이 한자 병기 없이 '보수'라고 써서 혼란을 초래한다.

정리 이것으로 뭇 나라에 복수하며 민족들을 벌하며

개역개정성경 이사야 7장 4절

그에게 이르기를 너는 삼가며 조용하라 르신과 아람과 르말리야의 아들이 심히 노할지라도 이들 은 연기 나는 두 부지깽이 그루터기에 불과하니 두려워하지 말며 낙심하지 말라

- 이 내용은 아람 왕 르신과 이스라엘 왕 베가가 동맹을 맺고 유다를 치려고 할 때 유다의 아하스 왕이 크게 두려워하자 하나님이 이사야 선지자를 시켜 아하스를 격려하는 말이다.

- 이 구절은 NIV를 직역한 글이다.

  Say to him, "Be careful, keep calm and do not be afraid. Do not lose heart because of the fierce anger of Rezin and Aram(Syria) and of the son of Remaliah."('Rezin and Aram'이 아니라 'Rezin of Aram'이어야 한다.)

- 위 문장에서 '르신과 아람과'는 7장 1절 "유다의 아하스 왕 때 아람(시리아) 왕 르신과 이스라엘의 베가 왕

이…"를 고려할 때 '아람 왕 르신과'로 바로잡아야 한
다. 즉, 동맹은 아람 왕 르신과 이스라엘 왕 베가 두
사람이 맺은 것이지 르신, 아람, 베가가 맺은 것이 아
니다.

- 1937년 발행 성경과 2005년 성서공회 발행 개역한글
판성경도 "아람 왕 르신과 르말리야의 아들(베가)이 심
히 노할지라도"로 썼다.

- 개역개정판은 개정이 아니라 어처구니없는 개악을 했다.

- NLT : Do not lose heart because of the King Rezin of
Syria and Pekah son of Remaliah.

- NIV보다는 NLT의 표현이 헷갈리게 하지 않는 바른 표
현이고, 개역개정성경은 변명의 여지가 없는 오류다.

정리 그에게 이르기를 "삼가며 조용하라. 아람 왕 르신
과 이스라엘의 르말리야의 아들인 베가 왕이 심
히 노할지라도 그들을 두려워하지 마라."

개역개정성경 이사야 7장 5절

아람과 에브라임과 르말리야의 아들이 악한 꾀로
너를 대적하여 이르기를

- NIV의 "Aram, Ephraim and Remaliah's son have plotted
  your ruin."도 역시 오기다. 아람과 에브라임은 나라 이
  름이고, 르말리야의 아들은 사람이다. 이는 두 나라와
  한 사람이 음모를 획책했다는 말이 되어 모순이다. 개역
  개정성경이 이 오역을 그대로 옮겼다.

- NLT 7장 5절 : The kings of Syria and Israel are
  plotting against him.(여기서 him은 유다 왕 아하스를 말한다.)
  이 번역이 옳은 번역이다.

- 공동번역성서 : 시리아인들이 너를 치려고 에브라임
  (이스라엘) 사람 르말리야의 아들과 공모하여…

> **정리** 아람(시리아)의 르신 왕과 에브라임(이스라엘)의 베가 왕
> (르말리야의 아들)이 악한 꾀로 저를 대적해 말하기를…

개역개정성경 이사야 8장 16~17절

16 너는 증거의 말씀을 싸매며 율법을 내 제자들 가운데에서 봉합하라 17 이제 야곱의 집에 대하여 얼굴을 가리시는 여호와를 나는 기다리며 그를 바라보리라

- 공동번역 : 16 나는 제자들이 보는 데서 이 증거 문서를 묶고 이 가르침을 인봉한다. 17 그리고 나는 여호와를 기다린다. 그가 야곱의 가문을 외면하고 계시지만 나는 여전히 그에게 희망을 둔다.

- 표준새번역성경 : 16 나는 이 증언 문서를 밀봉하고, 이 가르침을 봉인해서 나의 제자들이 읽지 못하게 하겠다. 17 주님께서 비록 야곱의 집에서 얼굴을 돌리셔도 나는 주님을 기다리겠다. 나는 주님을 의지하겠다.

- 현대어성경 : 16 나는 그 경고의 말씀을 포장하여 끈으로 묶고 그 지시를 내 제자들에게 전하여 봉인해 두고 17 나는 야곱 집에서 얼굴을 숨기신 여호와를 기다리며

하나님이 이렇게 말씀하셨을까?

그분을 언제까지나 기다리고 있겠다.

- 앞의 세 가지 한글 번역 성경은 16절을 '나는(이사야)'이라는 주어로 시작하는 데 반해 개역개정성경은 '너는'이라는 주어로 시작한다. 대부분의 성경이 15절까지를 하나님의 말씀으로 보고 16절은 이사야 선지자가 자신을 주어로 말한 것으로 기록하고 있다.

- 개역개정성경은 인용부호를 사용하지 않고 글을 썼으나 내용으로 미루어 16절까지를 하나님의 말씀으로 본 것으로 추정할 수 있다. 그리고 16절까지를 하나님의 말씀으로 보면 '내 제자들'이 아니라 '네 제자들'이 되어야 한다. 왜냐하면 '내 제자들'의 '내'가 하나님이 되기 때문이다.

- NIV, NLT, GNB 성경도 15절까지는 하나님의 말씀, 16절은 이사야의 말로 표현했다.

> **정리** 15절까지를 하나님의 말씀, 16~17절을 이사야의 말로 보고 다음과 같이 정리한다.
>
> 16 너희들은 하나님께서 나에게 주신 말씀을 밀봉해 나를 따르는 사람들이 읽지 못하게 해라. 17 여호와께서 야곱의 집에 대해 얼굴을 돌리셨지만 나는 주님만을 의지하며 기다리겠다.

개역개정성경 예레미야 41장 1~3절

1 일곱째 달에 왕의 종친 엘리사마의 손자요 느다냐의 아들로서 왕의 장관인 이스마엘이 열 사람과 함께 미스바로 가서 아히감의 아들 그다랴에게 이르러 미스바에서 함께 떡을 먹다가 2 느다냐의 아들 이스마엘과 그와 함께 있던 열 사람이 일어나서 바벨론의 왕의 그 땅을 위임했던 사반의 손자 아히감의 아들 그다랴를 칼로 쳐 죽였고 3 이스마엘이 또 미스바에서 그다랴와 함께 있던 모든 유다 사람과 거기에 있는 갈대아 군사를 죽였더라

- 한 문장의 단어 수가 59단어나 된다. 특히 2절은 말도 아니고 문장도 아니다.
- 2절을 요약하면 "이스마엘과 그와 함께 있던 열 사람이 일어나서 바벨론의 왕의 그 땅을 위임했던 그다랴를 칼로 쳐 죽였고"가 된다.
- 1937년 발행 구약전서는 밑줄 친 부분을 이렇게 썼다.

하나님이 이렇게 말씀하셨을까?

"바벨론 왕이 그 땅에 유사로 세운 그다랴를 쳐 죽였고"

• "바벨론의 왕의 그 땅을 위임했던"이라는 표현은 번역이나 편집 후 두 번 다시 검토하지 않았다는 증거다.

정리 NLT성경을 참고해 이해하기 쉽게 이렇게 다듬는다.

1 그 해 10월에(태양력) 이스마엘이 자기 부하 열 사람을 데리고 미스바로 유다 총독인 그다랴를 만나러 갔다. 이스마엘은 엘리사마의 손자요 느다냐의 아들로서 왕족이었다. 2, 3 그가 거기서 그다랴와 함께 음식을 먹다가 부하들과 함께 그다랴와 거기에 있던 유다인들과 바벨론 병사들까지 칼로 쳐 죽였다. 그다랴는 바벨론 왕이 유다 총독으로 임명한 사람이었다.

개역개정성경 예레미야 52장 31절

유다 왕 여호야긴이 사로잡혀 간 지 37년 곧 바벨론의 에윌므로닥 왕의 즉위 원년 12월 25일에 그가 유다의 여호야긴 왕의 머리를 들어 주었고 감옥에서 풀어 주었더라

같은 내용을 기록한 열왕기하 25장 27절에는 날짜가 12월 25일이 아니라 12월 27일로 되어 있다.

정리 두 기록 중 하나는 필사자의 오류다. 사본을 고치지 못할 이유가 있을까?

개역개정성경 에스겔 4장 5절

내가 그들의 범죄한 햇수대로 네게 날수를 정하였나니 곧 390일이니라 너는 이렇게 이스라엘 족속의 죄악을 담당하고

히브리어 사본을 택한 성경은 390일, 70인역 사본을 택한 성경은 190일로 되어 있다.

정리 통일할 필요가 있다.

개역개정성경 에스겔 24장 3~6절

3 … 주 여호와께서 이같이 말씀하시기를 가마 하나를 걸라 4-5 건 후에 물을 붓고 양 떼에서 한 마리를 골라 각을 뜨고 그 넓적다리와 어깨 고기의 모든 좋은 덩이를 그 가운데 모아 넣으며 고른 뼈를 가득히 담고 그 뼈를 위하여 가마 밑에 나무를 쌓아 넣고 잘 삶되 가마 속의 뼈가 무르도록 삶을지어다 6 … 제비 뽑을 것도 없이 그 덩이를 하나하나 꺼낼지어다

- 이 내용은 바벨론의 침략으로 유다의 권세 있는 자들(좋은 고깃덩이와 뼈)이나 일반 백성들이나 구분 없이 모두 죽거나 사로잡혀 갈 것을 예언하는 내용이다.

- 뼈가 무르도록 삶은 데서 또는 뼈가 흐물흐물해지도록 삶은 솥에서 고깃점을 건진다는 말은 어폐가 있다.

- 공동번역성서 : 솥을 걸고 물을 부은 다음 고기를 썰어 넣어라. 좋은 고기를 다 썰어 넣어라. 넓적다리, 등심을 썰어 넣어라. 뼈다귀도 골라 채워 넣어라. 양도 살진

것을 골라잡아 넣고 밑에 장작불을 지펴 뼈까지 흐물흐
물하게 되도록 푹 삶아라. … 그 안에 들어 있는 고기를
한 점 남기지 말고 꺼내어라.

• 히브리어직역성경 : 그 솥을 걸어라. 또 그 안에 물을
부어라. 거기에 그녀의 고깃점들을 넣어라. 허벅지와
어깨 살 등 모든 좋은 고깃점을 넣고 가장 좋은 뼈들을
채워 넣어라. 가장 좋은 양을 취하라. 그 솥 아래 그 뼈
들을 쌓고 그녀의 고깃점들을 끓이되 그 솥 안에서 그
녀의 뼈들도 삶아라. … 그녀의 고깃점들을 하나씩 꺼
내라. 그녀를 위해 제비를 뽑을 필요도 없다. (장작 대신
뼈를 사용해 솥을 끓였다?)

정리 다음과 같이 정리한다.

물을 채운 큰 솥을 걸고 그 솥 안에 허벅지 살과 어
깨 살 등 좋은 살과 좋은 뼈들과 각 뜬 살진 양고기
를 함께 넣어라. 그리고 가마 밑에 장작을 쌓고 뼈
를 요리하듯이 충분히 삶아라. … 뼈가 되었든지 살
점이 되었든지 걸리는 대로 하나씩 건져내라.

개역개정성경 에스겔 46장 17절

군주가 만일 그 기업을 한 종에게 선물로 준즉 그 종에게 속하여 희년까지 이르고 그 후에는 군주에게로 돌아갈 것이니 군주의 기업은 그 아들이 이어 받을 것임이라

- 2018년까지는 2018년 12월 31일까지를 말한다. 따라서 '희년까지'는 희년이 끝나는 날까지를 말하는 것인데 원 뜻을 살리지 못하고 있다.
- 공동번역성서 : ⋯ 자기 신하에게 선물로 주었을 경우에는 되돌리는 해가 돌아올 때까지만 그 신하의 것이고 그 후에는⋯
- "선물로 준즉"도 바람직한 표현이 아니다.

> **정리** 만일 왕이 자기 신하에게 왕실의 땅 일부를 선물로 주었으면 그 땅은 희년이 되기 전까지만 신하의 소유로 있다가 희년이 되면 다시 왕의 소유가 된다.

하나님이 이렇게 말씀하셨을까?

개역개정성경 호세아 1장 11절

이에 유다 자손과 이스라엘 자손이 함께 모여 한 우두머리를 세우고 그 땅에서부터 올라오리니 이 스르엘의 날이 클 것임이로다

- '이스르엘'의 뜻이 무엇인지 알 길이 없다. 성경에 나 오는 이스르엘은 다음과 같다

  인명 : 유다 지파 에담의 자손(역대상 4장 3절), 호세아와 그의
  아내 고멜 사이에서 태어난 첫 아들(호세아 1장 4절)

  지명 : 잇사갈 지파의 한 성(여호수아 19장 17~18절 / 열왕기상 21장
  23절), 이스라엘이 블레셋과 싸우기 전 진을 친 곳(사무
  엘상 29장 1절), 아합 왕가가 멸망당한 곳(열왕기하 9장 10절),
  다윗의 아내인 아히노암의 고향(사무엘상 25장 43절) 등

- NLT 주석에는 이스르엘의 뜻이 'God plants'로 풀이되
  어 있고, 톰슨주석성경에서는 '하나님이 쫓아버린다'

로 해석했다.

- 이 글에서는 '이스르엘'이 인명인지 지명인지 알 수 없다.

- 모든 성경은 하나님의 계시로 이루어진 책, 하나님의 감동으로 된 것으로, 하나님께 받은 영감으로 쓴 책이라는 말이 무색하다.[디모데후서 3장 16절]

- 아직 드러나지 않은 원본에는 이렇게 썼을 리가 없다.

- 사본은 완벽할 수 없다는 확실한 증거다.

정리 난해한 구절 가운데 하나다. 성경 주석가들이 통일된 내용으로 정리할 필요가 있다.

개역개정성경 호세아 11장 12절

에브라임은 거짓으로, 이스라엘 족속은 속임수로 나를 에워쌌고 유다는 하나님 곧 신실하시고 거룩하신 자에게 대하여 정함이 없도다

- 표준새번역성경, 비전우리말성경 : 에브라임은 거짓말로 나를 에워싸고 이스라엘 가문은 온갖 음모로 나를 옥죄고 있다. 유다 족속도 신실하고 거룩하신 하나님을 거역하고 있다.

- NLT, YTL, NIV, GNB, KJB, 공동번역성서, 현대어성경, 히브리어직역성경 : 에브라임은 거짓말로 나를 에워쌌고 이스라엘 가문은 속임수로 나를 둘러쌌다. 그러나 유다는 사뭇 하나님과 함께 살아가고 거룩한 하나님에게 충성을 바친다.

> **정리** 후반부를 상반되게 번역했다. 하나뿐이어야 하는 진리의 말씀을 이렇게 상반되게 번역해놓고 진리라고 하는 것이 안타까울 따름이다.

신약성경

120

개역개정성경 마태복음 1장 12절

바벨론으로 사로잡혀 간 후에 여고냐는 스알디엘
을 낳고 스알디엘은 스룹바벨을 낳고

- 역대상 3장 19절 : 브다야 → 스룹바벨
- 에스라 3장 8절 : 스알디엘 → 스룹바벨
- 느헤미야 12장 1절 : 스알디엘 → 스룹바벨
- 학개 1장 12절, 14절 : 스알디엘 → 스룹바벨
- 주석은 유다 19대 여호야긴(여고냐, 고니야)의 맏아들 스알
  디엘이 조카 스룹바벨을 아들로 삼았거나 스알디엘이
  죽은 후 동생 보디야가 결혼해 낳은 아들로 추정한다.
- 4:1, 다수결로 역대상 3장 19절 수정

> **정리** 어느 족보가 원본의 족보인지는 규명할 방법이
> 없다.

하나님이 이렇게 말씀하셨을까?

개역개정성경 마태복음 1장 13절

스룹바벨은 아비훗을 낳고 아비훗은 엘리아김을
낳고 엘리아김은 아소르를 낳고

- 역대상 3장 19~20절에는 스룹바벨이 낳은 아들 7명의 이름, 즉 므술람, 하나냐, 하수바, 오헬, 베레갸, 하사댜, 유삽헤셋이 나온다. 아비훗이라는 아들은 없다.

- 역대상 3장 17~21절의 족보

  여고냐(여호야긴) → 브다야 → 스룹바벨 → 하나냐 → 블라댜와 여사야

- 마태복음 1장 12~13절의 족보

  여고냐(여호야긴) → 스알디엘 → 스룹바벨 → 아비훗 → 엘리아김

> **정리** 이 또한 어느 것이 원본의 족보인지는 규명할 방법이 없다. 어찌되었든 하나님의 말씀에 이런 오류가 있는데 이 땅에 복음이 들어온 지 130년이 넘은 지금까지도 이를 교정하지 않고 성경을 발행하고 있는 현실이 안타까울 따름이다.

개역개정성경 마태복음 7장 9~10절

너희 중에 누가 아들이 <u>떡을 달라 하는데 돌을 주</u>
<u>며</u> 생선을 달라 하는데 뱀을 줄 사람이 있겠느냐

• 누가복음 11장 11~12절 : 너희 중에 아버지 된 자로
서 누가 아들이 생선을 달라 하는데 생선 대신에 뱀을
주며 <u>알을 달라 하는데 전갈을 주겠느냐</u>

정리 통일이 필요하다.

개역개정성경 마태복음 10장 29절

참새 두 마리가 한 앗사리온에 팔리지 않느냐 그
러나 너희 아버지께서 허락하지 아니하시면 그
하나도 땅에 떨어지지 아니하리라

- 누가복음 12장 6절 : 참새 다섯 마리가 두 앗사리온에
팔리는 것이 아니냐 그러나 하나님 앞에는 그 하나도
잊어버리시는 바 되지 아니하는도다

정리 통일이 필요하다.

개역개정성경 마태복음 17장 1절

<u>엿새 후에</u> 예수께서 베드로와 야고보와 그 형제 요한을 데리시고 따로 높은 산에 올라가셨더니

- 누가복음 9장 28절 : <u>이 말씀을 하신 후 팔 일쯤 되어</u> 예수께서 베드로와 요한과 야고보를 데리고 기도하시러 산에 올라가사

정리 마태복음과 마가복음은 '엿새 후', 누가복음은 '팔 일쯤 되어'로 썼다. 통일이 필요하다.

킹제임스성경 마태복음 23장 23절

위선자인 서기관들과 바리새인들아, 너희에게
화 있으리라. 이는 너희가 박하와 아니스와 커
민의 십일조는 바치면서 율법과 공의와 자비와
믿음의 더 중요한 것을 빠뜨렸기 때문이라. 너
희는 이것들도 마땅히 행하고 또 저것들도 저
버리지 말아야 하리라. Woe to you, scribes and
Pharisees, hypocrites! For ye pay tithe of mint and anise
and cummin, and have omitted the weightier matters of
the law, justice, mercy, and faith; these ought ye to have
done, and not to leave the other undone.

"율법과 공의와 자비와 믿음의 더 중요한 것을 빠뜨렸기
때문이라." 헬라어 사본과 상관없이 이 부분이 영어 문장
의 오역이다.

> **정리** 율법의 더 중요한 공의와 자비와 믿음을 빠뜨
> 렸기 때문이라.

개역개정성경 마태복음 23장 35절

그러므로 의인 아벨의 피로부터 성전과 제단 사이에서 너희가 죽인 바라갸의 아들 사가랴의 피까지 땅 위에서 흘린 의로운 피가 다 너희에게 돌아가리라

- 스가랴 1장 1절 : 다리오 왕 제이년 여덟째 달에 여호와의 말씀이 잇도의 손자 베레갸의 아들 선지자 스가랴에게 임하니라…
- 역대하 24장 20절 : 여호야다의 아들 스가랴
- 마태복음 23장 35절 : 바라갸의 아들 사가랴
- '사가랴'가 누구인가에 대해서는 다섯 가지 설이 있는데, 그 가운데 스가랴 1장 1절의 '스가랴'로 보는 견해가 다수다.

정리 너희가 죽인 '베레갸의 아들 스가랴'의 피까지

개역개정성경 마태복음 25장 15~25절

15 각각 그 재능대로 한 사람에게는 금 5달란트를, 한 사람에게는 2달란트를, 한 사람에게는 1달란트를 주고 떠났더니 16 5달란트 받은 자는 바로 가서 그것으로 장사하여 또 5달란트를 남기고…

- 마태복음에서는 세 사람에게 각각 5달란트, 2달란트, 1달란트를 주었다고 나온다. 5달란트 받은 사람과 2달란트 받은 사람은 각각 5달란트와 2달란트를 더 벌었으나, 1달란트 받은 사람은 1달란트를 그대로 반납했다.

- 누가복음에서는 열 사람을 불러 각각 1므나씩을 준 것으로 나온다. 한 사람은 10므나를, 한 사람은 5므나를 벌었으나 한 사람은 1므나 그대로를 반납했다. 나머지 7명에 대한 언급은 없다.

- 1달란트 = 6,000드라크마(데나리온) = 노동자 60일 품삯

- 1므나 = 100드라크마(데나리온) = 노동자 하루 품삯

정리 통일이 필요하다.

개역개정성경 마태복음 26장 7절

한 여자가 매우 귀한 향유 한 옥합을 가지고 나아
와서 식사하시는 예수의 <u>머리에 부으니</u>

- 마가복음 14장 3절 : 예수께서 베다니 나병환자 시몬의
  집에서 식사하실 때에 한 여자가 매우 값진 향유 곧 순
  전한 나드 한 옥합을 가지고 와서 그 옥합을 깨뜨려 예
  <u>수의 머리에 부으니</u>
- 요한복음 12장 3절 : 마리아는 지극히 비싼 향유 곧 순
  전한 나드 한 근을 가져다가 예수의 <u>발에</u> 붓고 자기 머
  리털로 그의 발을 닦으니 향유 냄새가 집에 가득하더라
- 마가복음 : 향유 한 옥합을 머리에 부음.
- 요한복음 : 나드 한 근을 발에 부음.

정리 통일이 필요하다.

하나님이 이렇게 말씀하셨을까?

개역개정성경 마태복음 26장 26절

그들이 떡을 먹을 때에 예수께서 떡을 가지사 축복하시고 제자들에게 주시며 이르시되 받아서 먹으라 이것은 내 몸이니라 하시고

- 복을 비는 것, 즉 축복은 사람이 하는 것이고 복을 주시는 분은 하나님이시라는 것을 창세기 12장 3절에서 분명히 밝히고 있다. "너를 축복하는 자에게는 내가 복을 내리고 너를 저주하는 자에게는 내가 저주하리니…"

- 삼위일체는 기독교 신앙의 뿌리다. 예수님이 곧 하나님이라는 말이다. 따라서 예수님이 떡을 가지고 축복했다는 말은 어불성설이다. 복의 근원이신 예수님이 누구에게 복을 빈다는 말인가?

- 편집자가 가지고 있는 성경 가운데 우리말비전성경과 헬라어직역성경은 "빵을 들어 감사기도 하시고"로 번역했다. 영어성경 가운데 Easy to Read Version은 "Jesus thanked God for the bread"로, GNB는 "Jesus took bread, gave thanks"로 번역했다.

- 1937년 발행한 신약전서는 '축사(祝謝)하시고'로 사례 사(謝) 자를 썼는데, 한자를 직역하면 '사례를 빌고'가 되어 역시 바람직스럽지 않은 조어(造語)다.

정리 그들이 음식을 먹을 때 예수께서 빵을 들어 감사 기도 하시고…

하나님이 이렇게 말씀하셨을까?

개역개정성경 마태복음 27장 9~10절

9 이에 선지자 예레미야를 통하여 하신 말씀이 이루어졌나니 일렀으되 그들이 그 가격 매겨진 자 곧 이스라엘 자손 중에서 가격 매긴 자의 가격 곧 은 삼십을 가지고 10 토기장이의 밭 값으로 주었으니 이는 주께서 내게 명하신 바와 같으니라 하였더라

- 여기에 인용된 부분은 예레미야가 아니라 스가랴 11장 13절에 나오는 말씀이다.

"여호와께서 내게 이르시되 그들이 나를 헤아린 바 그 삯을 토기장이에게 던지라 하시기로 내가 곧 그 은 삼십 개를 여호와의 전에서 토기장이에게 던지고"

정리 "이에 선지자 스가랴를 통하여 하신 말씀이 이루어졌나니…"로 수정해야 한다.

개정개역성경 마태복음 28장 1~2절

1 안식일이 다 지나고 안식 후 첫날이 되려는 새
벽에 막달라 마리아와 다른 마리아가 무덤을 보
려고 갔더니 2 큰 지진이 나며 주의 천사가 하늘
로부터 내려와 돌을 굴려 내고 그 위에 앉았는데

- 마가복음 16장 1~4절 : 안식일이 지나매 막달라 마리
  아와 야고보의 어머니 마리아와 또 살로메가 가서… 서
  로 말하되 누가 우리를 위하여 무덤 문에서 돌을 굴려
  주리요 하더니 눈을 들어본즉 벌써 돌이 굴려져 있는데
  그 돌이 심히 크더라
- 누가복음 24장 1~2절 : … 안식 후 첫날 새벽에 이 여
  자들이 그 준비한 향품을 가지고 무덤에 가서 돌이 무
  덤에서 굴려 옮겨진 것을 보고
- 요한복음 20장 1절 : 안식 후 첫날 일찍이 아직 어두
  울 때에 막달라 마리아가 무덤에 와서 돌이 무덤에서
  옮겨진 것을 보고

하나님이 이렇게 말씀하셨을까?

문제 같은 상황을 기록했는데 마태복음, 마가복음, 누가복음, 요한복음의 내용이 조금씩 다르다. 마태복음은 막달라 마리아와 다른 마리아 두 여인이 천사가 무덤 문을 굴리는 모습을 보았고, 마가복음은 동명이인 두 여자와 살로메 이렇게 세 여인이 무덤 문인 돌이 이미 굴려져 있는 모습을 보았다. 또한 누가복음은 여자들이 돌이 굴려져 있는 것을 보았고, 요한복음은 막달라 마리아 혼자 가서 돌이 굴려져 있는 것을 본 것으로 기록하고 있다.

개역개정성경 마가복음 2장 26절

그가 아비아달 대제사장 때에 하나님의 전에 들
어가서 제사장 외에는 먹어서는 안 되는 진설병
을 먹고 함께 한 자들에게도 주지 아니하였느냐

- 이와 관련된 사무엘서의 기록 사무엘상 21장 1~8절
  과 22장 10절을 보면 다윗에게 진설병과 골리앗의 칼
  을 준 제사장은 아히멜렉이다.

- 물론 아히멜렉의 아버지인 아비아달은 예루살렘에서
  대제사장으로 있었고 그의 아들인 아히멜렉이 놉 땅
  에서 제사장으로 있을 때 일어난 일이라고도 해석할
  수 있다. 그러나 그럴 경우 놉 땅에도 하나님의 전이
  있었느냐 하는 문제가 제기된다.

- '아비아달'을 '아히멜렉'으로 고쳐야 혼란이 없다. 그
  런데 아히멜렉의 아버지 이름이 제각각이다.

하나님이 이렇게 말씀하셨을까?

사무엘상 22장 9절과 20절 : 아히둡의 아들 아히멜렉

사무엘하 8장 17절 : 아히둡의 아들 사독과 아비아달의

아들 아히멜렉

역대상 24장 3절 : 이다말의 자손 아히멜렉

킹제임스성경, 히브리어직역성경, YLT 24장 3절 : 이다말의

아들 아히멜렉

정리 어느 것이 원본의 내용인지 규명할 방법은 없다. 그
러나 기독교의 정체성과 아무 관련이 없는 내용이
고, 성경을 흠이 없는 하나님의 말씀이라고 하니 통
일된 내용으로 교정할 필요가 있다.

개역개정성경 마가복음 5장 22~23절

22 회당장 중의 하나인 야이로라 하는 이가 와서 예수를 보고 발 아래 엎드리어 23 간곡히 구하여 이르되 어린 딸이 죽게 되었사오니 오셔서 그 위에 손을 얹으사 그로 구원을 받아 살게 하소서 하거늘

- 같은 내용이 마태복음 9장 18절에는 "내 딸이 방금 죽었사오니"로, 누가복음 8장 49절에는 "당신(야이로)의 딸이 죽었나이다."로 되어 있다.

- 죽게 된 사람은 고치는 것(낫게 하는 것)이고, 죽은 사람은 다시 살리는 것이라고 볼 때 '죽었다'는 표현이 바람직하다.

정리 "내 딸이 방금 죽었습니다."로 해야 맞다.

개역개정성경 마가복음 10장 35~37절

35 세베대의 아들 야고보와 요한이 주께 나아와
여짜오되 선생님이여 무엇이든지 우리가 구하는
바를 우리에게 하여 주시기를 원하옵나이다 36
이르시되 너희에게 무엇을 하여 주기를 원하느냐
37 여짜오되 주의 영광 중에서 우리를 하나는 주
의 우편에, 하나는 좌편에 앉게 하여 주옵소서

• 같은 내용이 마태복음 20장 21절에는 이렇게 기록되어
  있다.

  "… 이르되 나의 두 아들을 주의 나라에서 하나는 주의
  우편에, 하나는 주의 좌편에 앉게 명하소서"

> **정리** 마가복음에서는 야고보와 요한이 예수님께 청했
> 고, 마태복음에서는 야고보와 요한의 어머니가
> 예수님께 청했다. 어느 하나가 오류다. 통일된 표
> 현이 필요하다.

개역개정성경 마가복음 14장 30절

예수께서 이르시되 내가 진실로 네게 이르노니
오늘 이 밤 닭이 두 번 울기 전에 네가 세 번 나를
부인하리라

- 마태복음 26장 34절 : 예수께서 이르시되 내가 진실로 네게 이르노니 오늘 밤 닭 울기 전에 네가 세 번 나를 부인하리라
- 누가복음 22장 34절 : 이르시되 베드로야 내가 네게 말하노니 오늘 닭 울기 전에 네가 세 번 나를 부인하리라 하시니라
- 요한복음 18장 27절 : 이에 베드로가 또 부인하니 곧 닭이 울더라

정리 통일된 표현이 필요하다.

개정개역성경 마가복음 15장 40절

멀리서 바라보는 여자들도 있었는데 그 중에 막달라 마리아와 또 작은 야고보와 요세의 어머니 마리아와 또 살로메가 있었으니

- 같은 내용을 기록한 마태복음 27장 56절에는 "그 중에는 막달라 마리아와 또 야고보와 요셉의 어머니 마리아와 또 세베대의 아들들의 어머니도 있더라"로 되어 있다.
- 공동번역성서는 "막달라 마리아, 작은 야고보와 요셉의 어머니 마리아, 살로메"로 기록하고 있다.
- 성경 고유명사사전과 비전성경사전은 '요세'를 '요셉'과 동일인으로 기록했다.

정리 요셉의 어머니 마리아가 맞다. 이런 오류조차 수정하지 못한다면 사본을 신격화하는 것이 아닐까?

개역개정성경 누가복음 8장 6~8절

6 더러는 바위 위에 떨어지매 싹이 났다가 습기가 없으므로 말랐고 7 더러는 가시떨기 속에 떨어지매 가시가 함께 자라서 기운을 막았고 8 더러는 좋은 땅에 떨어지매 나서 백 배의 결실을 하였느니라…

- 같은 내용을 마태복음 13장 8절은 "좋은 땅에 떨어진 씨가 어떤 것은 100배, 어떤 것은 60배, 어떤 것은 30배의 결실을 했다."고 기록하고 있다.
- 마가복음 4장 8절에는 "좋은 땅에 떨어진 씨가 30배, 60배, 100배의 결실을 했다."고 기록되어 있다.
- 누가복음에는 30배, 60배가 없다.

정리 통일된 표현이 필요하다.

개역개정성경 누가복음 8장 27절

예수께서 육지에 내리시매 그 도시 사람으로서 귀신 들린 자 하나가 예수를 만나니 그 사람은 오래 옷을 입지 아니하며 집에 거하지도 아니하고 무덤 사이에 거하는 자라

같은 내용이 마태복음 8장 28절에는 "귀신 들린 자 둘이", 마가복음 5장 2절에는 "귀신 들린 사람이"로 기록되어 있다.

정리 통일된 표현이 필요하다.

개역개정성경 누가복음 17장 6절

주께서 이르시되 너희에게 겨자씨 한 알만한 믿음이 있었더라면 이 뽕나무더러 뿌리가 뽑혀 바다에 심기어라 하였을 것이요 그것이 너희에게 순종하였으리라

- 같은 내용이 마태복음 17장 20절에는 이렇게 기록되어 있다.

"이르시되 너희 믿음이 작은 까닭이 아니라 진실로 너희에게 이르노니 만일 너희에게 믿음이 겨자씨 한 알만큼만 있어도 이 산을 명하여 여기서 저기로 옮겨지라 하면 옮겨질 것이요 또 너희가 못할 것이 없으리라"

정리 통일된 표현이 필요하다.

개역개정성경 누가복음 18장 18절

어떤 관리가 물어 이르되 선한 선생님이여 내가
<u>무엇을 하여야</u> 영생을 얻으리이까

• 마태복음 19장 16절에는 같은 내용이 이렇게 기록되어
있다.

"어떤 사람이 주께 와서 이르되 선생님이여 내가 <u>무슨
선한 일을 하여야</u> 영생을 얻으리이까"

정리 통일된 표현이 필요하다.

개역개정성경 누가복음 19장 12~20절

12 이르시되 어떤 귀인이 왕위를 받아가지고 오려고 먼 나라로 갈 때에 13 그 종 열을 불러 은화 10므나를 주며 이르되 내가 돌아올 때까지 장사하라 하니라 … 15 귀인이 왕위를 받아가지고 돌아와서 은화를 준 종들이 각각 어떻게 장사하였는지를 알고자 하여 그들을 부르니…

- "그 종 열을 불러 은화 10므나를 주며"는 종 열 명에게 10므나를 주어 한 사람이 1므나 받았다는 말이 된다.
  → 그 종 열을 불러 한 사람에게 은화 10므나씩을 주며
- 같은 내용이 나오는 마태복음 25장 15~25절을 보면 한 사람에게 5달란트, 한 사람에게 2달란트, 또 한 사람에게 1달란트를 주고 떠났는데, 그 뒤 5달란트 받은 사람은 5달란트, 2달란트 받은 사람은 2달란트를 남겼으나 1달란트 받은 사람은 땅을 파고 감추어두었다고 기록하고 있다.

하나님이 이렇게 말씀하셨을까?

- 누가복음의 '므나 비유'는 종 열 명에게 한 사람당 1므나씩을 나누어주었으나 결산할 때는 세 종만 했다. 즉, 일곱 종에 대한 기록이 없다.
- 1달란트 = 6,000데나리온(드라크마)
- 1므나 = 100데나리온(드라크마)
- 1데나리온 = 노동자의 하루 품삯

정리 마태복음 내용으로 통일하는 것이 바람직하다.

개역개정성경 요한복음 2장 20절

유대인들이 이르되 이 성전은 <u>사십육 년</u> 동안에 지었거늘 네가 삼 일 동안에 일으키겠느냐 하더라

유월절이 임박해 성전에 갔을 때 예수께서 거기서 장사하는 사람들을 내쫓고 상을 둘러엎었다. 그러자 그들이 예수께 당신이 이런 일을 할 수 있는 기적(표적, 표징)을 보여줄 수 있느냐고 물었다. 그때 예수께서 "이 성전을 헐어라. 내가 3일 만에 다시 세우겠다."고 대답하시자 성전에 있던 유대인들이 한 말이다.

> **정리** 여기서의 성전은 헤롯이 지은 성전을 말하는데, 사가들과 고고학자들의 증언에 따르면 헤롯 성전의 공사 기간은 BC 20~19년에 착공해 외형은 BC 11년경 모습을 드러냈다. 그러나 세부 공사는 AD 63년 헤롯 왕의 증손자인 아그리파 2세왕 때 완공돼 공사 기간이 무려 84년이나 걸렸다. 이 성전은 완공 후 3년이 지났을 때 유대인들이 로마에 대항해 폭동을 일으켜 티도 장군이 이끄는 로마 군대에 초토화되었다. 유대인들이 역사를 잘못 알고 말한 것으로 추정한다.

개역개정성경 요한복음 18장 13절

먼저 안나스에게로 끌고 가니 안나스는 그 해의
대제사장인 가야바의 장인이라

• 같은 내용이 마태복음 26장 57절에는 이렇게 기록되어
  있다.

  "예수를 잡은 자들이 그를 끌고 대제사장 가야바에게로
  가니 거기 서기관들과 장로들이 모여 있더라"

정리 예수를 안나스에게로 끌고 간 것은 예비 심문을
위한 것이고, 대제사장 가야바에게로 끌고 간 것
은 본심문을 위한 것이라는 설명도 있다. 그러나
성경에는 예비 심문과 본심문에 대한 확실한 근
거가 없다.

개역개정성경 요한복음 20장 12절

흰 옷 입은 두 천사가 예수의 시체 뉘었던 곳에
하나는 머리 편에, 하나는 발 편에 앉았더라

- 같은 내용이 마가복음 16장 5절에는 "흰 옷을 입은 한
  청년이 우편에 앉은 것을 보고 놀라매"로 기록되어
  있다.
- 누가복음 24장 4절에는 "찬란한 옷을 입은 두 사람이
  곁에 섰는지라"로 기록되어 있다.

정리 통일된 표현이 필요하다.

개역개정성경 사도행전 7장 14절

요셉이 사람을 보내어 그의 아버지 야곱과 온 친족 일흔다섯 사람을 청하였더니

- 이집트로 내려간 야곱 후손의 숫자에 대한 창세기 기록은 마소라 사본(AD 5세기 말)을 번역한 기록이고, 사도행전 7장 14절의 기록은 70인역(BC 300년경)을 번역한 기록이다.
- 이집트로 내려간 야곱 일가의 수
  ① 66명[창 46:26] : 야곱, 요셉, 므낫세, 에브라임을 포함하지 않은 수
  ② 70명[창 46:27] : ①에서 제외했던 4명이 포함된 수
  ③ 75명[행 7:14] : 이 수는 창세기 50장 23절과 민수기 26장 28~36절을 참작해보아도 어떻게 계산된 수인지 알 수 없다.

정리 창세기 46:27과 통일된 표현이 필요하다.

신약성경   **231**

개역개정성경 사도행전 7장 43절

몰록의 장막과 신 레판의 별을 받들었음이여 이것
은 너희가 절하고자 하여 만든 형상이로다 내가 너
희를 바벨론 밖으로 옮기리라 함과 같으니라

- 공동번역성서 : 너희는 몰록 신의 장막과 레판 신의 별
  을 떠메고 다녔다. 그것들은 너희가 섬기려고 만든 우
  상이 아니었더냐? 그러므로 나는 너희를 바벨론 저편
  으로 쫓아버리리라.

- 현대어성경 : 너희는 몰록의 신과 별의 신인 레판,
  그 밖에 너희 손으로 만든 우상을 떠메고 다녔다. 그
  러므로 나는 너희를 바벨론 저 멀리 포로로 끌려가
  게 하겠다.

- 공동번역성서의 '바벨론 저편'은 '저편 바벨론'으로 고쳐
  야 하고, 개역개정성경의 '바벨론 밖으로'는 '대한민국
  밖으로'가 대한민국을 포함하지 않는 것처럼 원뜻을 살
  리지 못하고 있다.

- 출이집트기, 레위기, 민수기, 신명기 어디를 보아도 송아지 우상 외에 몰록 신의 장막이나 레판의 별을 만들었다는 기록은 없다.

정리 너희는 이방인이 섬기던 몰록 신과 레판의 별을 너희도 섬기려고 만들어 그것을 떠메고 다녔다. 그러므로 내가 너희를 저 멀리 바벨론에 포로로 끌려가게 하겠다.

개역개정성경 사도행전 17장 9절

야손과 그 나머지 사람들에게 보석금을 받고 놓아 주니라

- '보석금'으로 번역한 헬라어는 '히카노스'다. 이 단어의 사전적인 의미는 '유능한', '넉넉한', '적당한'이다.

- 이 단어를 마가복음 15장 15절 "빌라도가 무리에게 만족을 주고자"에서는 '만족을'로 번역했다.

- 사도행전 9장 23절의 "여러 날이 지나매 유대인들이 사울 죽이기를 공모하더니"에서는 '여러'로 번역했다.

- 고린도후서 2장 6절 "이러한 사람은 많은 사람에게서 벌 받는 것이 마땅하다."에서는 '마땅하다'로 번역했다.

- 대부분의 성경이 "보석금을 받고" 또는 "서약서를 쓰고" 또는 "담보물을 받고"로 번역했으나, 바울은 베드로가 이방인들과 함께 음식을 먹다가 율법주의자들이 들어오자 슬며시 피한 일을 두고 베드로를 책망할 정도로 성품이 강직한 사람이다.[갈라디아서 2장 11~12절]

따라서 아무 잘못도 없는 바울이 보석금이나 담보물을 주고 풀려났다고 번역하는 것은 바람직하지 않다.

개역개정성경 사도행전 27장 44절

그 남은 사람들은 널조각 혹은 배 물건에 의지하여 나가게 하니 마침내 사람들이 다 상륙하여 구조되니라

구조(救助)의 의미는 "누군가가 곤경에 빠진 사람을 건져 줌"이다. 자력(自力)으로 곤경에서 벗어난 것을 구조되었다고 말하지는 않는다.

> **정리** 나머지 사람들은 널조각이나 부서진 배 조각에라도 매달려 나가라고 명령했다. 이렇게 해서 모두 무사히 육지로 올라가게 되었다.

개역개정성경 로마서 5장 7~8절

7 의인을 위하여 죽는 자가 쉽지 않고 선인을 위하여 용감히 죽는 자가 혹 있거니와 8 우리가 아직 죄인 되었을 때에 그리스도께서 우리를 위하여 죽으심으로 하나님께서 우리에 대한 자기의 사랑을 확증하셨느니라

- 공동번역성서 : 옳은 사람을 위해 죽는 사람은 별로 없습니다. 혹 착한 사람을 위해 죽겠다고 나설 사람이 더러 있을지 모릅니다. 그런데 그리스도께서는 우리 죄 많은 인간을 위해 죽으셨습니다. 이리하여 하느님께서는 우리들에게 당신의 사랑을 확실히 보여주셨습니다.

- 표준새번역성경 : 의인을 위해서라도 죽을 사람은 거의 없습니다. 더욱이 선한 사람을 위해서라도 감히 죽을 사람은 드뭅니다. 그러나 우리가 아직 죄인이었을 때에 그리스도께서 우리를 위해 죽으셨습니다. 이

리하여 하나님께서는 우리들에 대한 자기의 사랑을 실증하셨습니다.

- 현대어성경 : 설령 우리가 선한 사람이라고 할지라도 누군가가 우리를 위해 죽는다는 것은 기대할 수 없는 일입니다. 그런데도 죄인인 우리를 위해 하나님께서는 그리스도를 보내셨고, 그리스도께서는 우리 대신 죽어 하나님의 그 깊은 사랑을 우리에게 보이셨습니다.

- 개역개정성경과 표준새번역성경은 '자기의 사랑'을 '당신의 사랑'으로 바꿔 존칭을 바로 써야 한다. 그리고 개역개정성경과 공동번역성서는 단번에 이해하기 어렵다.

> **정리** 이렇게 정리한다.
>
> 간혹 특별히 선한 사람을 위해 죽음을 무릅쓰는 사람이 있을지 몰라도 의인을 위해 목숨을 내놓는 사람은 거의 없습니다. 그런데 하물며 우리가 아직 죄인이었을 때 하나님께서는 그리스도를 보내 우리를 위해 죽게 하심으로써 우리에 대한 당신의 사랑을 드러내셨습니다.

하나님이 이렇게 말씀하셨을까?

개역개정성경 고린도전서 10장 8절

그들 중의 어떤 사람들이 음행하다가 하루에 <u>23,000명이 죽었나니</u> 우리는 그들과 같이 음행하지 말자

- 민수기 25장 9절에는 이렇게 기록되어 있다.

" 그 염병으로 죽은 이가 <u>24,000명이었더라</u>"

정리 어느 것이 바른 숫자일까? 어느 하나로 통일하지 못하는 이유는 무엇일까? 민수기 저자 모세와 고린도서 저자 바울에게 그렇게 다르게 말씀하셨을까? 사본 필사자의 오류로 보는 것이 합리적이지 않을까? 통일된 숫자로 적는 것을 하나님께서도 기뻐하실 것이다.

개역개정성경 고린도전서 12장 3절

그러므로 내가 너희에게 알리노니 하나님의 영으로 말하는 자는 누구든지 예수를 저주할 자라 하지 아니하고 또 성령으로 아니하고는 누구든지 예수를 주시라 할 수 없느니라

- 이 구절은 예수가 누구를 저주할 자로 이해하기 쉬운 글이다.
- Easy-to-Read Version : No person who is speaking with the help of God's Spirit says, "Jesus be cursed."
- Easy-to-Read Version을 취한다.

> **정리** 하나님의 영으로 말하는 사람은 아무도 "예수가 저주받았다"고 말하지 않고…

모든 성경 고린도전서 15장 3절

내가 받은 것을 먼저 너희에게 전하였노니 이는 성
경대로 그리스도께서 <u>우리 죄를 위하여 죽으시고</u>

- 개역개정성경, 헬라어직역성경, 킹제임스성경, 표준
새번역성경, 현대어성경은 "그리스도께서 우리의 죄
를 위하여 죽으시고"로 썼다.

- 공동번역성서와 회복역성경은 "그리스도께서 우리의
죄 때문에 죽으시고"로 썼다.

- 영어의 "Christ died for our sins"를 위 다섯 성경은 직
역했고 아래 두 성경은 의역했다.

- 우리말 '위하다'의 사전적 의미는 '잘되도록 도와주다'
또는 '이롭게 하다'라는 뜻이다. 따라서 직역을 하면
"그리스도께서 우리가 죄 짓는 것을 도와주려고 죽으
셨다"는 뜻이 되어 어처구니없는 말이다.

정리 그리스도께서 우리의 죄를 용서해주시려고 돌
아가시고

개역개정성경 갈라디아서 4장 24~25절

24 이것은 비유니 이 여자들은 두 언약이라 하나
는 시내 산으로부터 종을 낳은 자니 곧 하갈이라
25 이 하갈은 아라비아에 있는 시내 산으로서 지
금 있는 예루살렘과 같은 곳이니…

- 이전 판에는 '하가'로 되어 있던 것을 최근 판에서 '하
  갈'로 고쳤다.

- 출이집트기에서는 시내 산이 시나이반도에 있다고 기
  록하고 있으나 갈라디아서는 아라비아반도에 있는 것
  으로 기록하고 있다.

- 일찍이 김승학 장로는 그의 저서 《떨기나무》에서 출
  이집트 당시 이스라엘 백성이 마른 땅을 밟고 건넌 홍
  해는 시나이반도 왼쪽에 있는 홍해가 아니라 시나이
  반도 오른쪽에 있는 홍해라고 여러 과학적인 증거를
  근거로 피력했다. 물론 하나님이 행하신 기적이 일어
  난 사실이 핵심이기는 하지만, 사실을 규명했다는 것

은 높이 평가할 만한 일이다.

참고로 시나이반도는 출이집트 당시에도 이집트 땅이었다. 물론 '출이집트기'라는 제목은 우리나라에서 붙인 이름이고 성경 사본의 이름은 탈출(Exodus)이기는 하다. 하지만 이집트 땅에서 40년을 떠돌다가 요단강을 건넜는데 출이집트나 탈출은 제목으로 어울리지 않는다. '김승학 장로'나 '떨기나무'를 검색하면 좀 더 자세한 내용을 알 수 있다.

정리 시내 산은 그동안 우리가 알고 있었던 시내반도에 있는 것이 아니라 아라비아반도에 있는 산이 확실하다.

개역개정성경 빌립보서 2장 4절

각각 자기 일을 돌볼뿐더러 또한 각각 다른 사람
들의 일을 돌보아 <u>나의 기쁨을 충만하게 하라</u>

다른 모든 성경에는 "나의 기쁨을 충만하게 하라"는 말이
없다.

- 헬라어직역성경 : 여러분은 각자 자기 일만 살피지
  말고 이웃 사람들의 일도 서로 살피십시오.
- 공동번역성서 : 저마다 제 실속만 차리지 말고 남의
  이익도 돌보십시오.
- 표준새번역성경 : 또한 여러분은 자기 일만 돌보지
  말고 서로 다른 사람들의 일도 돌보아주십시오.
- 킹제임스성경 : 각자 자기 일만 돌보지 말고 남의 일
  도 돌아보라.
- 1937년 발행 성경 : 여러분은 각각 자기의 일만 돌보

지 말고 각각 타인의 일도 돌볼지어다.

- 영어성경 6개 버전에도 "나의 기쁨을 충만하게 하라" 는 말은 없다.

- 바울 서신 어디를 보아도 바울이 수신인들에게 "나의 기쁨을 충만하게 하라"고 한 표현은 없다.

- 난센스 중의 난센스다. 왜 이런 말을 첨부했을까?

정리 "나의 기쁨을 충만하게 하라"를 삭제해야 한다.

개역개정성경 데살로니가후서 3장 2절

또한 우리를 부당하고 악한 사람들에게서 건지시옵
소서 하라 <u>믿음은 모든 사람의 것이 아니니라</u>

- 밑줄 친 부분은 전도용으로 부적절한 번역이다. 한 사
람을 전도할 때 이 말을 근거로 "믿음은 내 것이 아니
야 당신 것이지"라고 하며 거절할 수 있기 때문이다.

- 공동번역성서 : 그리고 심술궂고 악한 사람들의 손에
서 우리가 벗어나게 되도록 기도해주십시오. 모든 사
람이 다 신앙을 갖고 있지는 않습니다.

- 헬라어직역성경 : 우리가 나쁘고 악한 사람들에게서
벗어나게 기도해주십시오. 모두가 다 믿음이 있는 것
은 아니기 때문입니다.

> **정리** 복음이 전파되었다고 해서 모든 사람이 다 믿음
> 을 가진 것은 아닙니다. 그러니 우리가 악한 자들
> 의 손에서 벗어나게 기도해주십시오.

하나님이 이렇게 말씀하셨을까?

개역개정성경 디도서 2장 11~14절

11 모든 사람에게 구원을 주시는 하나님의 은혜가 나타나 12 우리를 양육하시되 경건하지 않은 것과 이 세상 정욕을 다 버리고 신중함과 의로움과 경건함으로 이 세상에 살고 13 복스러운 소망과 우리의 크신 하나님 구주 예수 그리스도의 영광이 나타나심을 기다리게 하셨으니 14 그가 우리를 대신하여 자신을 주심은 모든 불법에서 우리를 속량하시고 우리를 깨끗하게 하사 선한 일을 열심히 하는 자기 백성이 되게 하려 하심이라

한 문장의 단어 수가 무려 55개다.

- 공동번역성서 : 11 하나님의 구원의 은총이 모든 사람에게 나타났습니다. 12 그 은총은 우리를 훈련해서 우리로 하여금 불경건한 생활과 세속적인 욕심을 버리게 하고 이 세상에서 정신을 차리고 바르고 경건하게 살게 해줍니다. 13 그리고 위대하신 하나님과 우

리 구세주 예수 그리스도께서 영광스럽게 나타나실 그 복된 희망의 날을 기다리게 해줍니다. 14 그리스도께서는 우리를 위하여 당신의 몸을 바치셔서 우리를 모든 죄악에서 건져 내시고 깨끗이 씻어주셨습니다. 그래서 우리는 그분의 백성으로서 선행에 열성을 기울이게 되었습니다.

- 표준새번역성경 : 11 모든 사람에게 하나님의 구원의 은혜가 나타났습니다. 12 그 은혜는 우리를 교육하여 경건하지 않음과 속된 정욕을 버리고 지금 이 세상에서 신중하고 의롭고 경건하게 살게 합니다. 13 그래서 우리는 복된 소망, 곧 위대하신 하나님과 우리 구주 예수 그리스도의 영광이 나타나기를 고대합니다. 14 그리스도께서는 우리를 위하여 자기 몸을 내주셨습니다. 그것은 우리를 모든 불법에서 건져 내시고, 깨끗하게 하셔서 선한 일에 열심을 내는 백성으로 삼으시려는 것입니다.

- 11절부터 14절까지 문장 수

한 문장 : 개역개정성경, 킹제임스성경, YLT

두 문장 : 헬라어직역성경, 우리말비전성경, NIV

세 문장 : 회복역성경, GNB

네 문장 : NLT

다섯 문장 : 공동번역성서, 표준새번역성경

열 문장 : Easy-to-Read Version

- 성경을 하나님의 글이 아니라 말씀이라고 한다.
- 언어학자들은 한 문장의 단어 수가 23단어를 넘으면 청중은 이해하기를 포기한다고 말한다.

정리 다음과 같이 정리한다.

11 모든 사람에게 하나님의 구원의 은혜가 나타났습니다. 12 우리가 그 은혜로 훈련받아 불경건과 세속적인 욕심을 버리고 이 땅에서 온전하고 의롭고 경건한 삶을 살게 되었습니다. 13 그래서 우리는 복된 소망 곧 우리의 크신 하나님이시요 구주이신 예수 그리스도의 영광이 나타나기를 고대합니다. 14 그리스도는 우리를 모든 불법에서 건져내 깨끗하게 하셔서 우리가 선한 일에 열심을 내는 당신의 백성으로 삼으려고 하십니다.

개역개정성경 히브리서 2장 10절

그러므로 만물이 그를 위하고 또한 그로 말미암은 이가 많은 아들들을 이끌어 영광에 들어가시게 하시는 일에 그들의 구원의 창시자를 고난을 통하여 온전하게 하심이 합당하도다

난해하다.

- 헬라어직역성경 : 참으로 그것은 그에게 합당한 것이었습니다. 만물을 자신을 위하여 또 자신에 의하여 만드신 분께서 많은 자녀를 영광으로 이끌려고 그들의 구원의 고난을 통하여 완전케 하신 것입니다.

- 공동번역성서 : 하느님은 만물을 창조하신 분이시고 만물은 그분을 위해서 있습니다. 그러므로 하느님께서 당신의 많은 자녀들이 영광에 참여할 수 있도록 그들의 구원의 창시자로 하여금 고난을 겪게 해서 완전하게 하신다는 것은 당연한 일이었습니다.

- 킹제임스성경 : 만물을 자신을 위하여 또 자신에 의

하여 존재하게 하신 그분께서 많은 아들들을 영광에 들어가게 하시려고 고난을 통하여 그들의 구원의 대장을 온전하게 하신 것은 당연하도다.

- NLT : God, for whom and through whom everything was made, chose to bring many children into glory. And it was only right that he should make Jesus through his suffering, a perfect leader, fit to bring them into their salvation.

- NIV : In bringing many sons to glory, it was fitting that God, for whom and through whom everything exists, should make the author of their salvation perfect through salvation.

- Easy-to-Read Version : God is the One who made all things. And all things are for his glory. God wanted to have many people to share with his glory. So God did what he needed to do. He made perfect the One(Jesus) who leads those people to salvation. God made Jesus a perfect savior through Jesus's suffering.

- Easy-to-Read Version을 취한다.

정리 하나님이 만물을 지으셨기에 만물은 하나님의 영광을 위해 존재한다. 그리고 하나님께서는 많은 사람이 당신의 영광을 함께 나누기를 원하신다. 이 일을 위해 하나님께서 필요한 일을 행하셨다. 그것은 고난을 통해 예수가 그들을 구원에 이르게 하려고 예수를 완전케 하신 것이다.

개역개정성경 히브리서 4장 4절

제칠일에 관하여는 <u>어딘가에</u> 이렇게 일렀으되 하나님은 제칠일에 그의 모든 일을 쉬셨다 하였으며

사본이 그렇게 되어 있다고 해서 굳이 '어딘가에'라고 번역할 필요가 있을까? 제칠일에 하나님께서 쉬셨다는 말은 창세기 2장 2절 말씀이다.

정리 제칠일에 관하여는 창세기 2장 2절에서 이렇게 말하고 있습니다. "하나님께서 모든 일을 마치시고 제칠일에 쉬셨다."

개역개정성경 히브리서 9장 8절

성령이 이로써 보이신 것은 첫 장막이 서 있을 동
안에는 성소에 들어가는 길이 아직 나타나지 아
니한 것이라

- 공동번역성서 : 이러한 제도를 통해서 성령이 보여주시
  는 것은 천막 성전의 앞 칸이 그대로 있는 한 지성소로
  들어가는 길은 아직 열려 있지 않다는 것입니다.
- 헬라어직역성경 : 이것은 성막의 첫째 방이 서 있는 한
  지성소로 가는 길이 아직 드러나지 않는다는 것을 성령
  께서 분명히 보여주시는 것입니다.

정리 난해한 내용을 이렇게 정리한다.

성령께서 분명히 보여주시는 것은 (옛 언약을 상징
하는) 성소와 (새 언약을 상징하는) 지성소를 가로막
은 휘장이 찢어지기 전까지는 지성소로 들어가는
길이 열려 있지 않았다는 것입니다.

하나님이 이렇게 말씀하셨을까?

개역개정성경 히브리서 12장 6절

주께서 그 사랑하는 자를 징계하시고 그가 받아들이시는 아들마다 채찍질하심이라 하였으니

채찍질의 사전적 의미는 "말이나 소를 몰 때 채찍으로 치는 것"이다.

> **정리** 여호와께서는 사랑하는 자를 견책하시고 자녀로 여기시는 자에게 매를 듭니다.

개역개정성경 히브리서 12장 7절

너희가 참음은 징계를 받기 위함이라 하나님이 아들과 같이 너희를 대우하시나니 어찌 아버지가 징계하지 않는 아들이 있으리요

- 징계를 받기 위해서 참는다는 것은 매우 잘못된 번역이다.

- 공동번역성서 : 하느님께서 여러분을 견책하신다면 그것은 여러분을 당신의 자녀로 여기고 하시는 것이니 잘 참아내십시오.

- 헬라어직역성경 : 여러분이 훈계를 참아내는 것은 하나님께서 여러분을 자녀로 대우하시기 때문입니다.

- 표준새번역성경 : 징계를 받을 때 참아내십시오. 하나님께서는 자녀를 대하듯이 여러분을 대하십니다.

> **정리** 하나님께서 여러분을 견책하시면 그것은 여러분을 당신의 자녀로 여기신다는 것이니 참아내십시오. 자녀를 견책하지 않는 아버지가 어디 있겠습니까?

하나님이 이렇게 말씀하셨을까?

개역개정성경 히브리서 13장 20~21절

20 양들의 큰 목자이신 우리 주 예수를 영원한 언약의 피로 죽은 자 가운데서 이끌어 내신 평강의 하나님이 21 모든 선한 일에 너희를 온전하게 하사 자기 뜻을 행하게 하시고 <u>그 앞에</u> 즐거운 것을 예수 그리스도로 말미암아 우리 가운데서 이루시기를 원하노라 영광이 그에게 세세무궁토록 있을 지어다(41단어)아멘

- 하나님을 수식하는 단어의 수가 열네 개나 된다.
- '그 앞에'의 그가 인칭대명사인지 지시대명사인지 분명하지 않아 의미 전달이 분명치 않다.

정리 20 평화의 하나님께서 양들의 큰 목자이신 우리 주 예수를 영원한 언약의 피로 죽은 자들 가운데서 살리셨습니다. 21 그 하나님께서 여러분이 모든 선한 일을 온전히 이루어 하나님의 뜻을 행하게 하시고 또 예수 그리스도를 통해 하나님 앞에서 기쁨이 되는 일을 행하게 하십니다. 예수 그리스도께서 영원무궁토록 영광 받으시기를 빕니다.

개역개정성경 베드로전서 2장 6~8절

6 성경에 기록되었으되 보라 내가 택한 보배로운 모퉁잇돌을 시온에 두노니 그를 믿는 자는 부끄러움을 당하지 아니하리라 하였으니 7 그러므로 믿는 너희에게는 보배이나 믿지 아니하는 자에게는 건축자들이 버린 그 돌이 모퉁이의 머릿돌이 되고 8 또한 부딪치는 돌과 걸려 넘어지게 하는 바위가 되었다 하였느니라 그들이 말씀을 순종하지 아니하므로 넘어지나니 이는 그들을 이렇게 정하신 것이라 (49단어)

- 머릿돌의 사전적인 의미는 정초식(定礎式) 때 건물 관계자와 연월일 등을 새겨 소정의 위치(일반적으로 건물 앞)에 앉히는 돌이다.

- '모퉁이의 머릿돌'은 뜻이 모호하다. 머릿돌? 아니면 모퉁이에 있는 주춧돌? 유대 풍습은 알 수 없으나 우리나라에서는 머릿돌을 모퉁이에 두는 경우가 없다.

- 본문에서 말하는 모퉁잇돌이 유대인과 이방인을 연결

하나님이 이렇게 말씀하셨을까?

하는 그리스도의 구속 사역을 가리키는[스가랴 4장 7절, 누가복음 20장 7절, 사도행전 4장 11절, 에베소서 2장 20절] 뜻으로 볼 때, 우리의 건축 개념으로는 주춧돌 가운데서도 모퉁이에 있는 주춧돌이 되어야 한다.

정리 6 성경에 이런 말씀이 있습니다. "보아라, 내가 귀한 모퉁이 주춧돌 하나를 택해 시온에 둔다. 그를 믿는 사람은 부끄러움을 당하지 않을 것이다.[이사야 28장 16절, 시편 118편 22절]" 7 그러므로 이 돌이 믿는 여러분에게는 귀한 돌이 되겠지만 믿지 않는 자에게는 건축자가 버린 돌에 지나지 않아 부딪치고 걸려 넘어지는 돌에 불과합니다. 8 그들이 걸려 넘어지는 것은 말씀에 순종하지 않았기 때문이고 또 그렇게 되도록 정해졌기 때문입니다.

개역개정성경 베드로전서 3장 18절

그리스도께서 단번에 <u>죄를 위하여 죽으사</u>

- 헬라어직역성경, 공동번역성서, 회복역성경은 "죄 때문에"로, 표준새번역성경은 "죄를 사하시려고"로, 현대어성경은 "하나님께 인도해주시려고"로 썼다.

- 개역개정성경을 제외한 다른 성경은 표현은 조금씩 달라도 원뜻을 드러내고 있으나 개역개정성경만이 우리말의 관습과 정서를 살리지 못하고 있다.

정리 죄 없으신 그리스도께서 우리의 죄를 용서해 주시려고 돌아가셨습니다.

개역개정성경 베드로전서 5장 3절

맡은 자들에게 주장하는 자세를 하지 말고 양 무
리의 본이 되라

영어성경은 "assigned to your care" 또는 "entrusted to you"
로 번역했다. 우리말 번역 '맡은'은 능동 표현으로 내 의
지로 취사선택한다는 뉘앙스가 있다.

정리 맡겨진 양 무리에 군림하려고 하지 말고 오히려
그들의 본이 되십시오.

개역개정성경 요한일서 4장 10절

··· 하나님이 우리를 사랑하사 우리 <u>죄를 위하여</u> 화목제로 그 아들을 보내셨음이라

이 번역은 1937년에 발행된 성경 "하나님이 이렇게 우리를 사랑하사 우리의 죄를 위해 그 아들을 화목제가 되게 하셨음이라."와 영어성경 NIV "He loved us and sent his Son as an atoning sacrifice for our sins."를 직역한 것으로 "우리 죄를 위하여"는 "죄를 도모하거나 죄를 더 짓도록 하기 위하여"라는 뜻이다.

그래서 최근에 발행한 개역개정성경은 이를 "··· 하나님이 우리를 사랑하사 우리 죄를 속하기 위하여"로 바꾸었다

정리 옳게 개정(改正)한 사례다.

모든 성경 요한일서 2장 2절

그는 우리 죄를 위한 화목 제물이니 우리만 위할 뿐 아니요 온 세상의 죄를 위하심이라

- 공동번역성서, 현대어성경, 우리말비전성경은 표현은 조금씩 달라도 "그분은 우리의 죄를 용서하시려 화목 제물(희생제물)이 되셨다."로 바르게 번역했으나 개역개정성경, 킹제임스성경, 표준새번역성경, 헬라어직역성경은 모두 "그분은 우리 죄를(죄들을) 위해(위한) 화목제물이 되셨다."로 오역했다.

- Good News Translation과 대조한 표준새번역성경은 말만 대조고 실제는 대조하지 않았다. Christ himself is the means by which our sins are forgiven.(직역 : 그리스도는 우리 죄들을 용서 받는 방법(수단)이다.)

- King James Bible과 대조한 우리말 킹제임스성경도 대조하지 않고 번역해 오류를 범했다. He is the propitiation for our sin.(직역 : 그는 우리를 위한 속죄물이다.)

- '위하다'는 "①잘되도록 관계해주다 ②이롭게 하거나 도우려고 생각하다"라는 의미를 가진 단어다. 따라서 "죄를 위하여"는 "죄를 더 짓도록 도우려고"라는 말이 되어서 원뜻을 제대로 살리지 못한다. 헬라어 사본이나 영어를 직역이 아니라 "우리 죄를 속하기 위해"로 의역해야 하는 문장이다.

- 개역개정성경(2008년 발행)은 같은 내용 "atoning sacrifice for our sins"를 요한일서 4장 10절은 "우리 죄를 속하기 위해"로 제대로 번역했으나 2장 2절은 "우리 죄를 위한"으로 번역하는 우를 범했다.

정리 그분은 우리 죄뿐만이 아니라 온 세상의 죄를 용서해주시려고 화목제물이 되셨다.

하나님이 이렇게 말씀하셨을까?

개역개정성경 요한이서 13절

택하심을 받은 네 자매의 자녀들이 네게 문안하
느니라

- '네'라는 말이 '너의(your)'라는 뜻인지 아니면 '넷(four)'
  이라는 뜻인지 혼동할 수 있다.
- 여기서 '네'는 편지의 수신자인 '가이오'를 말한다. 따
  라서 다른 버전 성경처럼 '네'를 '그대' 또는 '당신'으로
  표현하는 것이 더 바람직하다.
- 자매(姉妹) 관용적인 의미는 여자끼리의 동기(同氣)다.

정리 선택받은 그대 누이의 자녀들이 그대에게 안부를
전합니다.

개역개정성경 유다서 4절

이는 가만히 들어온 사람 몇이 있음이라 그들은 옛적부터 이 판결을 받기로 미리 기록된 자니 경건하지 아니하여 우리 하나님의 은혜를 도리어 방탕한 것으로 바꾸고 홀로 하나이신 주재 곧 우리 주 예수 그리스도를 부인하는 자니라

'판결'은 오역이다. 판결의 사전적 의미는 "선악을 판단하여 결정함"이다. 위에 적시한 자들은 이미 정죄 받은 자들이다.

> **정리** 여러분 가운에 몇몇 사람이 몰래 숨어들어왔습니다. 그들은 경건하지 않은 자들로서 하나님의 은혜를 오용해 방종한 생활을 하고 오직 한 분이신 우리 주 예수 그리스도를 부인하는 자들입니다. 그런 자들은 이미 성경에 기록된 정죄 받은 자들입니다.

하나님이 이렇게 말씀하셨을까?

개역개정성경 요한계시록 10장 11절

그가 내게 말하기를 네가 많은 백성과 나라와 방언과 임금에게 다시 예언하여야 하리라 하더라

- 헬라어직역성경과 개역개정성경은 '임금에게 다시…'로, 표준새번역성경과 공동번역성서는 '왕들에 관해서 다시…'로, 킹제임스성경은 '왕들 앞에서 다시…' 등으로 번역했다. 영어성경은 킹제임스만 'before'를 쓰고 다른 성경은 'about'를 썼다.
- 방언에게 예언한다는 말은 어색하다.
- 요점은 예언의 대상이 이스라엘에만 국한되지 않고 전 인류가 예언의 대상이라는 말이다.

> **정리** 그때 천사가 내게 말했다. "너는 앞으로 다양한 언어를 사용하는 더 많은 나라의 백성과 족속과 왕들에게 예언해야 한다."

개역개정성경 요한계시록 14장 20절

성 밖에서 그 틀이 밟히니 틀에서 피가 나서 말 굴레에까지 닿았고 천육백 스다디온에 퍼졌더라

- 포도즙 틀이 밟힌다고 하기보다는 포도즙 틀 안에 있는 포도송이들이 밟힌다고 하는 표현이 더 적합하다.
- 1스다디온 = 약 192미터

정리 성 밖에 있는 포도즙 틀 속에 있는 포도송이들이 짓밟히자 포도즙 틀에서 피가 흘러나와 말굴레 높이로 약 300km나 흘렀다.

하나님이 이렇게 말씀하셨을까?

개역개정성경 요한계시록 21장 6절

또 내게 말씀하시되 이루었도다 나는 알파와 오
메가요 처음과 마지막이라 내가 생명수 샘물을
목마른 자에게 값없이 주리니

- 여기서 '–요'는 어떤 사실과 사물을 열거할 때 쓰는
연결어미다. 그러나 이 본문에 쓰인 '오메가요'의 '요'
는 다른 내용을 열거한 것이 아니라 알파와 오메가의
뜻을 우리말로 부연 설명한 것이다.
- 그리스어의 첫 글자인 알파와 마지막 글자인 오메가
를 우리말로 직역하면 "나는 기역과 히읗이다"가 되
는데 이를 의역해 "처음과 마지막"으로 쓴 것이다.

정리 나는 알파와 오메가 즉 처음과 마지막이다.

발간(發刊)의 변(辨)

"무오설(無誤說)"

　어려운 글인 성경을 쉬운 말로 고쳐보라는 소명을 받고 2011년 5월 17일 시작해 십 년째 작업을 하면서 성경에 오류가, 그것도 어이없는 오류가 많은 것을 발견했다. 이 작업을 하기 전까지는 "성경은 일점일획의 오류가 없는 책"이라는 말을 많이 들어서 정말 그런 줄 알았다. 아니, 전능하신 하나님의 말씀이니까 당연히 그래야 했다. 그러나 일점일획의 오류가 없는 성경은 아직 세상에 드러나지 않은 원본만이 그렇다는 것을 알게 되었다. 원본은 소실되었거나 아니면 아직 발견되지 않았는데 많은 사가(史家)들은 소실된 것으로 본다.

　여러 버전을 대조해가며 작업하면서 지엽적인 오류가 있어야 마땅하다는 결론을 얻게 되었다. 파피루스, 양피지, 나무껍질 등에 필사한 사본을 번역했는데 어

　　　　하나님이 이렇게 말씀하셨을까?

찌 그 사본이 원본과 똑같다고 할 수 있겠는가? 사본을 신봉(信奉)하는 사람들은 비록 필사이기는 하지만 필사 시스템이 완벽해 사본이 원본과 같다고 주장한다. 그러나 이런 주장을 하는 사람은 시편 119편 96절 "아무리 완전하다는 것도 다 한계가 있다는 것을 알았다. 오직 주님의 계명만이 완전하다."는 말씀을 부정하는 오만이다.

참고로 성경을 출판하는 사람들은 사본을 사본이라고 하지 않고 원래 있었던 문장이라고 해 이를 줄여 '원문(原文)'이라고 한다. 틀렸다고는 말할 수 없으나 원문(原文)을 원본(原本)으로 착각하게 하려는 의도가 있는 것으로 보여 정직하지 않아 보인다. 사본(寫本)을 사본이라고 말하는 것이 정직한 태도다.

서로 정보 교환도 할 수 없었던 시대에 약 1600년 동안에 걸쳐 40여 명이 쓴 성경 사본에 하나님이나 기독교의 정체성에 흠이 되는 것이 조금도 없다는 사실만으로도 정말 놀랍고 감사한 일이다. 따라서 좀 설명이 길긴 하지만 성경은 일점일획도 오류가 없는 책이 아니라 손으로 필사한 사본을 번역한 책이기 때문에 기독교의 정체성에는 전혀 오류가 없지만 지엽적인 것에는 오류가 있는 책이라고 하는 것이 정직한 표현이다.

사본의 오류 한 가지를 예로 들면, 요담 왕의 통치 기간이다. 열왕기하 15장 30절에는 "유다의 요담 왕 20년에 이스라엘에서는 호세아가 왕이 되었다."라는 말이 있다. 그런데 불과 세 절 밑인 33절에는 요담이 16년 동안 통치했다고 기록하고 있다. 역사 교과서에 이런 오류가 있다면 어떤 일이 벌어졌을까?

정리하다 보니 사본의 오류뿐만 아니라 우리말 어법이나 단어 선택의 결정적인 오류도 있다. 개역개정성경 창세기 10장 15절에 "가나안은 장자 시돈과 헷을 낳고"라는 말이 있다. 이 말은 곧 "철수가 맏아들 영식이와 영수를 낳고"와 같은 말이어서 맏아들 둘을 동시에 낳았다는 뜻이 된다.

우리말비전성경에는 초등학생이 보아도 웃을 말이 있다. 출이집트기 14장 7절에 "바로는 가장 좋은 전차 600대와 이집트의 모든 다른 전차들을 데리고 갔는데…"라는 말이 있다. 우리말을 배운 유치원생도 장난감을 데리고 갔다고 말하지 않는다. '데려가다'는 사람

또는 동물과 함께 갈 때 쓰는 단어이지 물건을 소유하고 갈 때 쓰는 단어가 아니다.

　이 작은 책은 그저 성경의 흠을 들추어내려고 쓴 것이 아니다. 이제는 교인들이 알 것은 알고 믿자는 취지에서 쓴 것이다. 사본을 번역한 것이어서 비록 지엽적인 흠이 있기는 하지만 기독교의 정체성에는 전혀 흠이 없기에 감사하며 성경을 보는 것과, 지엽적인 흠이 있음에도 불구하고 흠이 없다고 거짓말하는 성경을 보는 것, 과연 하나님이 어떤 것을 더 좋아하실까? 요한계시록 22장 15절을 보면 거짓말하는 자는 천국에 들어가지 못한다고 했다.

2020년 6월

서재에서 편집자

참고문헌

공동번역성서(대한성서공회, 2003년 8월 30일 발행)

등불성경 개역개정(로템서원, 2008년 12월 발행)

기독교 낱말 큰 사전(한국문서선교회, 1999년 12월 31일 발행)

비전성경사전(두란노, 2011년 10월 15일 발행)

스트롱코드성경(로고스출판사, 2011년 11월 15일 발행)

스트롱코드 히브리어/헬라어 원어사전(도서출판 로고스, 2012년 9월 25일 발행)

신 · 구약전서(1937년 발행)

우리말 비전성경(두란노, 2013년 2월 10일 발행)

조선어성경(서울 USA 발행 |발행연도 없음)

킹제임스성경(말씀보존학회, 1995년 9월 25일 발행)

표준새번역성경(대한성서공회, 2003년 10월 30일 발행)

현대어성경(성서원, 1991년 10월 15일 발행)

회복역 성경(한국복음서원, 2011년 6월 10일 발행)

히브리어 헬라어 직역성경(말씀의집, 2011년 12월 15일 발행)

Good News Bible(1992년)

HOLY BIBLE(New International Version, 2002년)

HOLY BIBLE(New Living Translation, 2004년)

King James Bible(1995년 9월 25일 발행)

Young's Literal Translation of the Bible(2004년)

왕 즉위 도표

이스라엘	BC	기간	유다
여로보암 **22년** 통치 [왕상 14:20] 1대 —	931	1	— 1대 르호보암 **17년** 통치[왕상 14:21]
			르호보암 10년
	920	12	
여로보암 17년			— 2대 아비야(아비얌) **3년** 통치 [왕상 15:1, 2]
			— 3대 아사 **41년** 통치 [왕상 15:10]
나답 **2년** 통치 [왕상 15:25] 2대 —	910	22	아사 4년
바아사 **24년** 통치 [왕상 15:33] 3대 —			
			아사 10년
바아사 10년	900	32	
			아사 20년
	890	42	
엘라 **2년** 통치 [왕상 16:8] 4대 —			아사 28년
시므리 **7일** 통치 [왕상 16:15] 5대 ┐			
오므리 **12년** 통치 [왕상 16:23] 6대 ┘			
	880	52	
오므리 10년			아사 35년

아합 **22년** 통치 [왕상 16:29] 7대 ——

—— 4대 여호사밧 **25년** 통치 [왕상 22:42]

| 870 | 62 |

아합 10년

여호사밧 10년

| 860 | 72 |

아하시야 **2년** 통치 [왕상 22:51] 8대——
여호람(요람) **12년** 통치 [왕하 3:1] 9대——

| 850 | 82 |

—— 5대 여호람(요람) **8년** 통치 [왕하 8:16]

여호람 10년

—— 6대 아하시야 **1년** 통치 [왕하 8:25]
예후 **28년** 통치 [왕하 10:36] 10대—— —— 7대 아달랴(아하시야 딸) **6년** 통치 [왕하 11:3]

| 840 | 92 |

—— 8대 요아스 **40년** 통치 [왕하 12:1]

예후 10년

| 830 | 102 |

요아스 10년

예후 20년

| 820 | 112 |

여호아하스 **17년** 통치 [왕하 13:1] 11대 ——

요아스 23년

	810	122	

여호아하스 10년

요아스 35년

	800	132	

요아스 **16년** 통치 [왕하 13:10] 12대 ──

── 9대 아마샤 **29년** 통치 [왕하 14:1, 2]

	790	142	

요아스 10년

여로보암 II **41년** 통치 [왕하 14:23] 13대 ──

아마샤 15년

	780	152	

	770	162	

여로보암 II 15년

── 10대 아사랴(웃시야) **52년** 통치 [왕하 15:1, 2]

	760	172	

여로보암 II 30년

아사랴 15년

	750	182	

스가랴 **6개월** 통치 [왕하 15:8] 14대
살룸 **1개월** 통치 [왕하 15:13] 15대
므나헴 **10년** 통치 [왕하 15:17] 16대

아사라 27년

| 740 | 192 |

브가히야 **2년** 통치 [왕하 15:23] 17대
베가 **20년** 통치 [왕하 15:27] 18대

아사라 36년

| 730 | 202 |

아사라 45년

| 720 | 212 |

베가 16년

— 11대 요담 **16년** 통치 [왕하 15:32, 33]

호세아 **9년** 통치 [왕하 17:1] 19대

요담 5년

| 710 | 222 |

이스라엘 멸망 BC 706년 —

| 706 | 226 |

요담 13년

· 도표 그림 기준 : 성경에 기록된 왕의 통치 기간
· 왕의 통치 기간 계산 : 왕의 통치 기간은 만(滿)으로 계산할 수 없으므로 즉위한 해를 통치 1년으로 계산하고 통치 마지막 해에 후임 왕이 즉위하고 후임 왕 통치 1년으로 계산함.
· 통치 6개월 이하의 경우 후임 왕이 선왕(先王)과 같은 해에 즉위한 것으로 표시함.

| 703 | 229 | — 12대 아하스 **16년** 통치 [왕하 16:2]

| 688 | 244 | — 13대 히스가야 **29년** 통치 [왕하 18:2]

| 660 | 272 | — 14대 므낫세 **55년** 통치 [왕하 21:1]

— 15대 아몬 **2년** 통치 [왕하 21:19]

| 605 | 327 | — 16대 요시야 **31년** 통치 [왕하 22:1]

| 575 | 357 | — 17대 여호아하스 **3개월** 통치 [왕하 23:31]
└ 18대 여호야김(엘리아김) **11년** 통치 [왕하 23:36]

| 565 | 367 | — 19대 여호야긴 **3개월** 통치 [왕하 24:8]
└ 20대 시드기야(맛다니야) **11년** 통치 [왕하 24:18]

| 555 | 377 | — **유다 멸망 BC 555년**

하나님이 이렇게 말씀하셨을까?

발행일 2020년 8월 30일 초판 1쇄

지은이 최창섭
발행인 고영래
발행처 (주)미래사

주소 서울시 마포구 신수로 60, 2층
전화 (02)773-5680
팩스 (02)773-5685
이메일 miraebooks@daum.net
등록 1995년 6월17일(제2016-000084호)

ISBN 978-89-7087-132-5 (03230)